ワッキー流
「200万円台」ボロ物件投資
成功者事例

大阪在住30代サラリーマンNさん

中古の２階建てアパート
（2K×４室・家賃４万円強）
＋
戸建て
（3K・２階建て・家賃５万円）
のセットを**250万円**で購入

成功者事例の詳細は第6章にて紹介しています。

Before

After

トイレは和式から洋式へ

Before

After

お風呂はユニットバスへ

キッチンは公団用の新品へ

床は畳からフローリングへ
天井高も20センチアップ

流し台横に冷蔵庫置き場設置

室内に洗濯機パンを設置

ワッキー流
最新激安リフォーム事例

ワッキー流激安リフォーム事例は第4章にて紹介しています。

押入れスペースを分割して洗濯機パンとトイレへ

押入れスペースを洋式トイレへ

Before

After

和室から洋室へ

Before

After

洋室リフォーム

150万円アパート！
5万円戸建て！
脇田雄太のボロ物件公開。

※150万円アパートは2016年に売却済

5万円 戸建て
築47年（4K）長崎市内

購入価格が5万円にも関わらず3万円の家賃収入の戸建て

築47年にしては傷みが少なくクリーニングのみで貸し出せそうだった

150万円 アパート
築35年
（2K×4室 メゾネット1室）
長崎市内

毎月17万円の賃料を生み出してくれたアパート

洗濯機パンを施主支給
（約5000円）

公団用の流し台を導入
（約3万円）

～低価格物件の積み重ねで、
収入をどんどん増やしていく方法～

"ワッキー流"

「200万円台」ボロ物件"連続投資"術！

元サラリーマン／
ボロ物件専門大家
脇田雄太

はじめに

本書をご覧いただきありがとうございます。この本の著者で、不動産投資家の脇田雄太です。

簡単に自己紹介をさせていただくと、歳は昭和52年生まれのアラフォー世代。サラリーマンを8年前に卒業し、現在は長崎を中心に10棟50室超の大家として暮らしています。

私の収入源は、所有している収益物件が稼いでくれる家賃です。

常に買ったり売ったりしており、時期によって変わりますが、家賃収入は年間で約2000万円。月でいうと、約180万円が入ってきます。

ここから借金の返済額である40万円を引くと、手残りは140万円ほど。修繕費用や税金を引いても、100万円以上が残ります。

それも、一時的なものではなく、毎月、入ってくるのです。

ですから、私は「将来が不安」といった心配をすることはあまりありません。

逆に、この先の未来を予測すると、どんどん豊かになっていくイメージが思い浮かびます。

私の不動産投資のやり方については後で詳しく紹介しますが、一言で言えば、古くてボロボロの物件を安く買い、再生して人に貸すという手法です。

ボロ物件投資というと、「融資のつかない属性の人や資金の限られた人が、お金持ちが見向きもしないような物件を買って、属性の低い人たちに貸す」というイメージを持っている人がいますが、実際はそんなことはありません。

私自身も、高価な物件が買えないからという理由で、ボロ物件投資をしているのではなく、このやり方が、不動産投資として最も効率よく資産を増やせると感じているため、数ある手法の中から、あえて選んで実践しています。

私はいい不動産投資とは、「なるべく少ない金額で、なるべく多くの賃料を、なるべく短期間で得られる」ものだと思います。

そして、ボロ物件投資はこの条件にばっちりとあてはまります。

手前味噌になりますが、私の印象では、よく考えている人や、お金を持っている人、先を見通している人ほどボロ物件を買っていると思います。

別の言葉でいえば、「きっちりと作戦を考えて、本質を見抜く能力のある人」が、この手法を選んでいるといえるでしょう。

そういうと、

はじめに

「ボロ物件は築年数が古いからキケン」
「家余り時代に入っているのに、貸家業なんて成り立つはずがない」
「人口が減少する日本で、先細りが目に見えている」
という人がいますが、それは、間違った常識にとらわれた言いがかりに近い話といえます。

詳しくは本の中で説明しますが、数年で元手を回収できるこのやり方なら、リスクを最小限に抑えることができます。また、入居者も立派な物件よりもむしろ、獲得しやすいといえます。

何事もそうですが、失敗する人は、ノウハウがないから失敗するのです。決して、ボロ物件投資だから危ないのではありません。

都会だから安全、人口が増えている町だから大丈夫、立派なＲＣ物件だから満室になりやすい、といえないのと同じです。

もう少し具体的に説明すると、私は誰も欲しがらないような物件をターゲットにすることで、５万円の戸建て、１５０万円のアパートなど、格安な物件を購入し、リフォーム代や諸経費まで勘案した実質利回りで30％以上を基準にして、運営しています。

平均入居率は95％以上です。それで利回りが30％ですから、約3年で元がとれて、4年目からは丸々利益になるわけです。

都会の人たちは、利回り10％以下が当たり前の世界に住んでいるので、この話をしてもにわかには信じてくれません。

しかし、実際に２０１６年の日本で、このような不動産投資が行われているのです。

ただし、ここ数年、利回りは実質30％以上から、実質20％～30％へとダウンする傾向にあります。

なぜ20～30％に下がったのかというと、物件価格が上がったからでも、家賃が下がったからでもなく、10年以上不動産投資をする中で、自分の考えに多少の変化があったからです。

具体的にいうと、ボロボロの物件をできるだけ安く買うところまでは同じなのですが、その後、リフォームにしっかりとお金をかけて、設備も交換し、新品のように直した方が、長い目で見ればメリットが多いということに気づいたのです。

この本は僕にとって7冊目となりますが、これまでの6冊では、とにかく安く買ってとにかく安く直すことを目指していました。

確かに、その方が少ない資金で始められますし、表面利回りも高くなります。

しかし、最低限のリフォームで済まそうとすると、またどこか壊れてお金がかかったり、家賃が思ったほど高くならなかったり、投資としてベストとはいえないような結果になることが時々ありました。

また、高利回りにこだわってボロ物件を買い続けてきたことで、キャッシュフローが十分に得られるようになったため、次は利回りが少し下がってもいいからメンテナンスフリーに近い物件を持ちたい、という気持ちになったということもあります。

それともうひとつ、売却を組み合わせるようになったことも、大きな変化といえます。

それまでは、木造住宅は修繕を繰り返せば長く使えるので、賃貸需要がある限り、ずっと持ち続けるのが基本という考え方でいました。

しかし、現在は欲しい方がいるなら、適正な価格で売却し、キャピタルゲインを得て資産を組み替えるというやり方も組み合わせています。

そして、売却を想定するなら、買ったときに一度しっかり直しておいた方が、あとで売るときに高く売れる、ということも考慮するようになりました。

私のボロ物件投資も進化しているということです。

ですから、この本では安く買い、安く直し、超高利回りを狙う手法はもちろんですが、その後も長く稼ぎ続ける物件を作るための注意点などにも触れていこうと思います。

お金持ちになる方法は色々あると思いますが、わずか数年で、自由な時間とお金の両方が得られるやり方は、今の日本では不動産投資以外にないと思います。

本書には、これからボロ物件投資を始めたいという人にも、すでにボロ物件投資を始めていて、この先、さらに資産を増やしたいという人にも、参考になるノウハウを詰め込みました。

読者の方が豊かな人生を築くための一助として、お役に立てば嬉しく思います。

脇田 雄太

◆目次◆

第3章 ボロ物件の探し方、選び方、買い方

第5章　ボロ物件でも満室経営を維持する方法

目次

第6章 「"ワッキー流"ボロ物件投資術」成功事例！ セミリタイア達成、小金持ちサラリーマンになった5人の成功者たち！

第7章 進化を続ける「"ワッキー流" ボロ物件投資術」

目次

第1章

いくらあれば
ボロ物件投資家
になって
「セミリタイア」
できる？

私は不動産投資を始めて、人生が大きく変わりました。

ですから、知り合いから「不動産投資を始めたい」という相談を受けたら、「やってみたらいいよ」と応援します。

ただ、不動産投資で成功するには、気持ちだけでは不十分です。

では何が重要かというと、最も大切なのが、知識です。

残念なことですが、不動産業界にはお客さんを騙して儲けようとする業者がいまだに多く存在します。ですので、無知なまま物件探しを始めると、業者にすすめられるままに儲からない物件を買って失敗する、ということがありえます。

そういう意味で、知識は絶対に大切です。書店に行けば、不動産投資に関する書籍は多く売っていますから、一通り読んでから始めることをおすすめします。

次に大切なのが、資金です。ボロ物件投資で扱う不動産の価格は安いものですが、自己資金がなければ始められません。

では、いくらあればいいのでしょう？　この章では、その点について説明します。

1 自己資金を作れない人は不動産投資をやる資格がない

私はこれまで、0円で譲り受けた戸建てや、5万円で購入した戸建てなどを入手し、賃貸物件として家賃を得てきました。

アパートでさえ、5戸で150万円といった安値で購入しています。

そんな私の体験談を読んで、「自分も不動産投資を始めたいのですが」と相談に来る人も多くいます。

その中には自己資金がほとんどない、という人も少なくありません。中には「今、10万円あるんですが、どんな物件が買えますか？」と訊いてくる人もいました。

正直に言います。いくら激安物件といっても、初心者でわずか30万円程度の自己資金が用意できない人は、不動産投資に手を出すべきではありません。私も経験を積んでこのような格安物件を手に入れられるようになりました。

もっと言えば、200万円～300万円はあった方が良いでしょう。

どんなに安い物件でも、それを賃貸に出すまでには、お金をかけてリフォームする必要がありますし、登記費用などの諸経費もかかります。

それ以前の問題として、「お金」というのは、お金を大事にする人のところにやってくるものです。

普段の生活で散財して、まったく貯金ができない人は、不動産投資を始めても、いざというときの資金をプールしておくことができず、賃貸経営が立ち行かなくなるでしょう。

そういう意味で、今、手元にまったく貯金がない、もしくは給料の1カ月分未満しか貯えがないという人は、不動産投資に向かないのかもしれません。

それでもやりたいなら、これまでの自分のお金との付き合い方を反省し、お金の使い方を見直す必要があるといえます。

② 会社員時代に8年で4000万円を貯めた方法

安い物件が大好きな私ですが、それはお金がないからではなく、安い物件を買う方が効率よくお金を増やせるからです。

安い物件をどんどん買って、修繕し、家賃収入を得るとき、自己資金は多いにこしたことはありません。

私自身の例でいうと、不動産投資を始めたとき、4000万円の自己資金を持っていました。

この金額をいうと驚かれるのですが、子供の頃から貯金が好きで、大学時代にアルバイトで300万円を貯めていた自分には、別に特別なことをしたという意識はありません。

やり方はシンプルで、大きく稼ぎ、小さく使うことで貯金を増やしました。

私は大学を卒業後、リクルート系の会社に8年間勤めました。

30歳で退職した時は東京本社に勤務していたのですが、朝の10時～夜の2時、3時まで働くというハードワークでした。

ただ、その会社は働いた分、稼げる会社でした。そのため、一年に500万円ずつ、8年で4000万円を貯めることができたのです。

会社の先輩や同僚の中には、外車を買ったりタワーマンションに住んだりする人もいましたが、私はそれよりも、通帳の数字が増えていくのが楽しいというタイプで、質素な生活も苦になりませんでした。

この話をすると、「脇田さんの勤めていた会社は給料が良かったからだ」という人がいますが、金額の問題ではないと思います。

大切なのは、入ってきたお金がいくらでも、その中の何割かは必ず残すというマインドを持つことです。

多くの人が、給料が増えたらその分、生活のレベルを上げます。しかし、それではいつまでたってもお金は貯まりません。

給料が増えても、初任給の頃の生活を維持することで、自然と貯金は増えていきます。

今の日本では、生活コストを抑えようとすれば、いくらでもそれが可能です。

実際に私は、給料のほとんどといえる金額を貯金に回していましたが、ひもじいと感じることはありませんでしたし、みすぼらしい生活をしていたわけでもありません。お昼を吉野家の牛丼ですませても、全身の服装がユニクロでも、十分に楽しい生活を送っていました。

見栄を張っても、1円も得はしません。

そんなもののためにお金を使わないで、不動産投資を始めるための資金にした方が、ずっと有意義なお金の使い方だと思います。

不動産で成功して十分なお金ができたら、何でも好きなものが買えるのです。
順番を間違えてはいけません。

3 段取りを整えることで成功率がアップする

会社の給料から貯金するのが難しいという人は、会社の仕事以外で、不動産投資を始めるための資金を作る方法はないか、考えてみてください。

極端なことをいえば、新聞配達や居酒屋でのアルバイトだっていいのです。

私の知っている投資家さんで、奥様や両親からお金を借りたという人もいました。それもひとつの方法だと思います。金利をつけて返せば、お互いにメリットがあります。「不動産投資のためのお金を作る」という強い意志があれば、何かアイデアが浮かぶはずです。

古い話になりますが、私は大学生の頃、家庭教師とガソリンスタンドのアルバイトで、お金を貯めました。

それ以外に、お年玉などの臨時収入もすべて貯金していたため、大学を卒業する時には300万円の貯金がありました。

もちろん、無駄遣いはしませんでした。それは30才で1億円の資産を持ちたいという目標があったからです。(詳細は前著参照。貯金と不動産投資でこの願いは叶いました)。

そのために、就職するときも、給料がいいといわれる会社を希望し、合格できるように早い段階から作戦を立てました。

就職活動に備えて実践した作戦の一つ目は、起業です。

当時、アントレプレナーといって、個人が小さく起業することが流行しており、そうした取り組みが、就職活動にも有利に働くと考えたのです。

当時は、パソコンが一般家庭に普及しだした時代で、主婦やおじいちゃん、おばあちゃんでもワープロやインターネットをやってみたいと、パソコンを欲しがるような時期でした。

そこで、「パソコン家庭教師スタート」というサービスを始め、その後、ホームページの作成業務も手がけるようになりました。

最初のうちは全く反応がなかったのですが、2~3カ月くらいすると、徐々に電話がかかってくることが増え、少しずつ仕事を受注することができました。

私は大学では文系だったのですが、大学3年生のときに、就職に有利になるようにと、情報処理のシステムアドミニストレータ（シスアド）の資格を取っていました。それをこの仕事で活かすことができました。

作戦の二つ目は、インターンシップです。

今でこそ当たり前になったインターンシップですが、当時はまだ珍しく、実践している学生は少数でした。そのため、取り組むことで一目置かれるというメリットが期待できました。インターンシップ先には、日本ＩＢＭと経済産業省を選びました。

このインターンシップと、先に述べた起業（アントレプレナー）が効いたのか、当時は就職氷河期だったにもかかわらず、私は希望する会社から無事に合格通知を受け取ることができました。

私が資格のために勉強したり、起業したり、インターンシップをしたりする間、何もしていなかった同級生の中には、厳しい結果を迎えていた人もいました。

「段取りが9割」という言葉がありますが、何かを始める時は、その前の勉強であったり、シミュレーションだったり、準備が非常に大切です。

その準備ができた人とそうでない人とでは、いざ行動を始めた時に、大きな差がつきます。

④ 目標を持つことで苦労が楽しみになる

私は就職活動の成功体験を通じて、他の人が遊んでいるときに努力した人が大きな成果を得る、ということを学びました。

社会人になってからの節約生活が苦しくなかったのも、このときの経験が影響しているように思います。

準備に時間をかけすぎるのはよくないという意見もあると思いますし、私もそれには同意します。

しかし、不動産投資では、勉強もせず、お金も貯めずに、やりながら知識をつけて、成功しようというのは現実的ではありません。

属性が良い人は、自己資金がなくてもフルローンやオーバーローンで不動産を買えることがありますが、知識がなければよい物件を選ぶことができず、失敗してしまうでしょう。

そして、不動産投資における失敗というのは、下手をすれば人生を棒に振るようなダメージにもつながるのです。

ですから、始める前に知識とお金を増やしておくことは、非常に大切です。

ボロ物件投資なら、２００万~３００万円あれば、スタートラインにつけます。

中には、30万円の資金で始めて成功した人もいます。

しかし、0円では何もできません。

同じ24時間でも、先に目標があり、そこから逆算して今、やるべきことをやっている人と、目先のことしか考えていない人とでは、その時間の使い方には大きな差が生まれます。

これは、どんな分野にも当てはまることです。不動産投資で資産を増やしたいなら、そのために本を読んだり、勉強会に入ったりして、知識を身につける必要があります。

自分は自己資金が足りないという人は、どうすれば増やせるかを考えて、行動を起こすことが必要です。

自分のやりたいことを先に実践している人から学ぶことも効果的でしょう。

まず、本気で自分が望む人生をイメージすることです。

そして、目標が定まったら、そのために計画を立てて、自分の毎日に落とし込んでいきましょう。

第2章

ボロ物件投資に向いている人

この章では、ボロ物件投資に向いている人の特徴や、実際にボロ物件投資をしている人たちがその手法を選んだ理由について紹介します。

ボロ物件投資というと、なぜか大勢の人が、一棟マンションや一棟アパートを買えないような低属性で自己資金も少ない人が仕方なくやるもの、とイメージするようです。

しかし、実際はそうではありません。

事実、私の元に「ボロ物件投資を始めたい」と相談に来られる方の多くが、大手企業に勤めるサラリーマンです。

すでに不動産投資を始めていて、キャッシュフローが1000万円以上あるような方も多くいます。

そういう方がなぜ、わざわざひとつひとつの物件からの収益が少なく、リフォームの手間もかかるボロ物件投資を選ぶのでしょうか?

ボロ物件投資を始める前に、ぜひ理解して欲しいと思います。

そして、自分にもボロ物件投資が向いていると感じたら、準備を始めましょう。

1 ボロ物件投資は「現金買い」が基本

ボロ物件投資を大きく分けると、2つのパターンにわかれます。

一つは戸建てで、ひとつは一棟アパートです。

私の周りで多いのは、250万～300万円で戸建てを買い、利回り20％くらいで賃貸しているケースと、4世帯～6世帯で300～400万円くらいのアパートを買い、その倍くらいの金額でリフォームして、同じく利回り20％くらいで回すケースです。

そして、その人たちのほとんどが、物件を現金で買っています。

中には物件は現金で買い、リフォーム代は日本政策金融公庫からリフォームローンを借りているという人もいます。(ボロ物件投資では、物件の本体価格よりもリフォーム代の方が高くなることが多いですし、融資も比較的出やすいので、いい方法だと思います)。

なぜ、ほとんどの人が現金で買っているかというと、ボロ物件投資の対象となる物件は築年数が古く、全空のことが多いため、融資がつきにくいというのが一番の理由です。（逆にいうと、だからこそ安く買えるのです）。

ノンバンクなら借りられる可能性はありますが、そもそも物件の価格自体が安いので、融資であれこれと苦労するよりも、お金を貯めた方が手っ取り早いと考えている人が多いようです。

そういう意味で、ボロ物件投資は現金を持っている人に向いている手法といえます。

・不動産を売却し、キャピタルゲインを得たので、そのお金を少しでもよい利回りで運用したい。

・自営業で成功してキャッシュが貯まったので、そのお金で収益物件を買い、本業のリスクヘッジを行いたい。

・ボーナスや退職金を元手にお金を大きく育てたい。

ボロ物件投資をきちんと理解すれば、これらの希望を叶えることは決して難しいことではありません。

②　現金買いのボロ物件が借金の不安を消してくれる

ちなみに、私もボロ物件はすべて現金で買っています。

とはいえ、借金がまったくないわけではありません。

過去の著書で詳しく書きましたが、私はサラリーマン時代に1棟目の物件として、大阪府内の中古ＲＣマンションをフルローンで購入しました。価格は約1億円です。この物件からのキャッシュフローが毎月１００万円以上あるので、このお金をすべて、ボロ物件の購入に当てていきました。

結果的に、この手法は効率よくボロ物件を買い進めるのに役に立ちましたが、最初からこれを狙っていたわけではありません。

少し話がずれますが、私はもともと、フルローンで1億円を超えるようなＲＣ物件を購入しながら、キャッシュフローを増やしていくというういわゆる「レバレッジ型」の不動産投資家を目指していました。

しかし、実際に1億円の借金を背負い、毎月40万円以上の借金を返していく生活がスタートした時、その借金の重さ（＝リスクの大きさ）に漠然とした不安を覚えました。

指値を入れて買ったため、利回りは13％程度ありましたし、自分で営業したことで、入居率も購入時よりずっと高い95％程度を維持していました。

それでも、「もし、火事や事件が起こって、家賃が入らなくなったらどうしよう。毎月40万円以上という大金を、本当にあと20年以上、継続して返し続けていけるだろうか」という不安がときどき頭をよぎるようになりました。

その頃は、フルローンでできるだけ多く物件を買い、キャッシュフローを増やすことを目指していたので、1棟目を買った後も物件を探していました。

しかし、今もそうですが、平成築でフルローンのつく物件は、非常に人気が高く、当時も物件を紹介されてから、買付を入れるまで、じっくりと検討している時間はありませんでした。

私はそんな状況がおかしいのではないかと思うようになりました。

１００万円でも、１０００万円でもなく、1億円を超える物件で、そんな競争が行われていることに違和感を覚えたのです。

一棟目を買う前までは、レバレッジを使って、少ない自己資金で大きな物件を買うことのメリットばかりが、頭にありました。

しかし、実際に1億円の物件を買ったあとは、「リスクが大きすぎないか?」という不安ばかりが大きくなりました。

きっと、自分のお金の器を借金の額が上回ってしまったのだと思います。

その不安を解消するために、現金で買えて、高利回りが狙える長崎のボロ物件投資に転向したのです。

「借金にはいい借金と悪い借金があって、お金を生むいい借金はいくら借りてもいい」という人がいます。否定はしませんし、むしろ正しいと思います。

しかし、いい借金だからどこまで増えてもいい、子供に残してもいいというのは違うと思うのです。

そんな理由からボロ物件投資を始めた私なので、ボロ物件の家賃の合計が、大阪の一棟マンションのローン返済額を上回った時は、心の底からホッとしました。

この話を本で紹介したところ、私と同じように、それまでは一棟マンションや一棟アパートに投資していたけれど、ボロ物件の現金買いに手法を変えたいという人から相談を受けるようになりました。

彼らの多くは、非常に属性がいい人たちです。まだまだ、融資を引こうと思えば引ける人たちです。しかし、「これ以上借金はしたくない」といって、ボロ物件投資の道を積極的に選んでいるのです。彼らは、ボロ物件投資を始めた頃の私のように、借金のリスクの大きさを肌で感じているのだと思います。

補足になりますが、私のように最初に借金をして買った物件から毎月得られるキャッシュフローが潤沢にある人は、そのお金を利用して短期間でどんどんボロ物件を増やすことができます。そのため、私は以前、「結果論だけれど、この順番で不動産投資を始めてよかった」と思っていました。

しかし、今は少し考えが変わり、「最初に小金を貯めて、いきなりボロ物件投資を始める手法でもよかったな」と思っています。

ボロ物件投資は高利回りなので、キャッシュが短期間で増えやすく、それだけでも物件を買い進めていくことができるからです。

「自分はキャッシュフローの出るような物件を持っていないから、脇田さんのように買い進めることはできない」と考える必要はありません。

3 中古RCマンションのオーナーがボロ物件投資をする理由

ボロ物件投資は、高値買いをしてしまった物件のリスクを埋めるためにも効果があります。

第二次安倍内閣発足以降、全国で不動産価格が値上がりしています。

都内では一棟RCマンションの利回りが6%まで下がり、地方でも10%を超えるものは滅多に見られなくなりました。それでも、融資が付きやすいので、属性のいい人なら、買うことはそう難しくはありません。

しかし、10年後、20年後は？　最後の出口はどうなるでしょう？

それ以上は値下がりすることが考えにくいボロ物件と違い、中古RCマンションの価格はその時の融資情勢によって大きく変化します。

バブルの頃のように、市況が変われば、一気に値下がりする可能性も十分にあります。売れないからと言って建て替えようにも、それも簡単ではありません。解体だけで数千万円かかるからです。

だからといって、使えるだけ使って、ガラガラになっても壊さず持っていればいい、というわけにもいきません。固定資産税が高いRC物件では、何もしなくても、かなりの持ち出しが出てしまいます。

そのため、中古のRCマンションはよく、「ババ抜き」にたとえられます。最後に持った人が損をするという構図です。

今は、築古のRC物件でも、融資がつくのでいいのです。しかし、この先、経済情勢が変わり、融資の門が閉じたら、次に買える人がいなくなり、彼らは「ババ抜きのババ」を抱えることになります。

フルローン一棟マンション投資から、現金買いボロ物件投資へとスタンスを変える人の中には、そのようなリスクを軽減するために始めるという人も少なくありません。

今、高値掴みをしている多くの投資家（本人には自覚はないかもしれません）にも、私はこの方法をすすめたいと思います。

もちろん、借金がプレッシャーにならないタイプの人もいますので、そういう人はどんどん借金をして買い進めればいいのでしょう。

しかし、未来のことは誰にもわかりません。できる限りのリスクヘッジをしておくことは、資産を守るために大切なことといえるでしょう。

コラム　ボロ物件投資をやらない方がいい人

ボロ物件投資は、他の不動産投資よりも手間がかかります。

まず、買うまでに良い物件情報をもらえるよう不動産会社の営業マンとの関係作りをする必要がありますし、購入後もリフォームの手配をしたり、仲介業者の営業マンに客付けのお願いをしたりする手間をかける必要があります。

その中には値段交渉もあれば、無理を承知でお願いするような場面もあるでしょう。

ですので、ボロ物件投資で成功するためには、ある程度のコミュニケーション能力が必要といえます。

私が一番気をつけているのは、相手の気分を悪くさせない事です。

共通の知り合いがいるなどして、もし可能なら、相手の情報を事前に収集してから会うようにします。

趣味は何か、結婚しているのか、どんな性格だとか軽く掴んでから現場に行くと、話がはずみやすくなるからです。

私のところには「ボロ物件投資を教えてください」という方がよくいらっしゃいます。

時間の許す範囲でアドバイスをするようにしていますが、中にはお断りすることもあります。

「この人は教えてあげてもうまくいかないな。業者さんや仲介業者さんとうまくいかないだろう」と思うからです。

どういう人がそうかというと、まず、約束を守れない人です。

次に、お世話になった人への義理を欠いてでも、何がなんでも安く上げようとする人です。

例えば、売買仲介業者さんに一日案内していただいているのに、その後の夜の食事の金額を気にしていた人がいましたが、そこはケチる場面じゃないのになあと感じました。

投資家ですので、いい意味でのケチであることは大切ですが、それが行き過ぎて短所になっている人は残念な結果になってしまうと思います。

節約するところと使うところのメリハリをつけることが大切ということです。

また、これは不動産投資に限らないことかもしれませんが、自分勝手な人は向いていません。

以前、「こういう物件が欲しいので紹介してください」と一方的に物件の条件をFAXで送りつけてきた人がいて驚いたことがあります。

新築の区分マンションやアパートなどを売りたい業者さんの中には、お客さんを持ち上げて、なんとか買ってもらおうとするところもあります。

彼らは自分を気に入ってもらって物件を売るのが仕事なので、お客さんに非常に気を使い、よい気分になってもらおうとします。

しかし、ボロ物件を扱う業者さんは、お客さんにちやほやしたりはしません。

格安の物件は欲しい人がたくさんいるので、媚びる必要がないのです。

彼らはたくさんいるお客さん候補の中から、自分の気に入ったお客さんに情報を流します。

そんな中、FAX一枚で情報をもらおうというのは虫のよすぎる話ですし、「自分はサービスしてもらって当然だ」というような受身の姿勢では、いつまでたっても物件を紹介してもらうことはできないでしょう。

あとは、リフォームをする時に自分勝手にリフォームする人もボロ物件投資には向かないといえます。

主張が強く、個人の好みを曲げられない人は、賃貸ニーズとずれた仕上がりになって空室期間が延びたり、コストが倍増したりして、投資効率を落とすことになります。

反対に、リフォームする前に賃貸仲介さんの意見をヒアリングして、賃貸仲介さんが「この物件ならこうしてくれると決めやすいです」、と教えてくれた内容を素直に取り込む人はうまくいきます。(もちろん、コストをかけすぎてはいけませんので、そのあたりのバランスは大切です)。

かといって、口下手だったり、人見知りだったりする人がダメかといえば、そんなこともありません。

面白いことを言わなくてもいいので、きちんと約束を守り、誠実な態度を心がけ、お世話になった人にきちんとお礼をすることを心がけていれば、「つきあいやすい大家さん」と感じてもらえるでしょう。

第3章

ボロ物件の探し方、選び方、買い方

この章では、エリアをどうするか、物件情報はどう探せばいいか、買っていい物件とそうでない物件の見分け方は？　買い付けの入れ方はどうする？　など、実際にボロ物件投資を始めるためのノウハウを紹介します。

私は、長崎でのボロ物件投資を始めた際にメンターはいませんでした。

そのため、この手法には試行錯誤をしながら自分ひとりで辿りつきました。そして、長く続けているうちに、より効率的なやり方がどんどんわかってきました。

読んでいただくとわかるのですが、私の実践しているボロ物件投資は、決して再現性の低いものではありません。

長崎でなくても、私でなくても、実行できるものですし、実際にそういう人はたくさんいます。

「自分には難しい」と決め付けるか、「難しいかもしれないけれど、やってみるか」と考えるかで、将来は変わります。

どうせなら、やってみる方を選んでみることをおすすめします。

1 ボロ物件投資って何？

ボロ物件投資とは、その名の通り、ボロボロの中古物件を主に地価の低い地方部において超が付くほどの低価格で取得し、抜本的なリフォームを行った上で入居者付けを行う不動産投資の手法です。

立派な物件も多く売り出されている中で、なぜわざわざボロボロの物件を買うのか？　と思うでしょう。

答えは、ボロ物件投資には、「高利回り物件を無借金で購入して利益をあげられる」という大きな魅力があるからです。

例えば、50万円の戸建を取得して100万円かけてリフォームを行い、月額4万円で賃貸に出すというようなことです。

この場合は「4万円×12か月＝48万円」の家賃に対して、投資額は諸費用を除いて150万円ですので、表面利回りは約32％となります。

物件購入時の司法書士代金や数カ月後に支払う必要がある不動産取得税、保険料、現地への出張経費を計算に入れても十分に20％台後半は回るケースが多くなります。

「1棟あたりの利回りは高くても全体の金額が低いのでトータルで見ると大した利益にならないのでは？」と言う人もいますが、その問題は物件の数を積み上げていくことで解決できます。

月額賃料4万円の物件を5棟持つことができればトータルの収入は月額20万円、10棟なら40万円の収入が物件から自動的に入ってくるのです。

もちろん、安定的に物件を運営していくためのノウハウやリフォームの能力も必要です。

しかし、それでも半自動的に一般的な会社員の給与を超える収入を得られる仕組みを、無借金で構築できるという点はボロ物件投資の大きな魅力だと思います。

私の場合は、約8年前から長崎市において戸建やアパート、区分マンションなどのボロ物件を徐々に購入し、現時点で約30室のボロ物件を長崎に所有しています。

1室あたり3万円～5万円の賃料を頂戴していますので月額の賃料収入は100万円を超える規模になっています。

2 どんな物件を買うのか

ボロボロの物件を買うことに違いはありませんが、予算により購入できる物件の種別や規模は変わってきます。

種別でいうと戸建て、アパート、マンション、区分、何でもありです。築30年とか40年、中には50年というものもあります。

検討対象となる物件はほとんどが空室です。入居中のものは原則として買いません。

まず、その物件について、「このくらいのレベルまでリフォームをした場合にいくらで貸せますか」、という事を地元の賃貸仲介さんに聞いて数字を出します。

回答を得られたら、想定賃料の平均値ではなく、最も低い数字を元に考えて、30％程度で回るなら検討するというのが私のルールです。

このとき、物件価格やリフォーム代に加えて司法書士代とか保険代を含めて計算する必要があります。

もちろん、例外もあります。

例えば、ボロ物件でも立地の良いものやある程度の資産性を有するようなものは、利回りがある程度下がっても、指値を入れずに満額で購入することもあります。

3 ボロ物件投資に向いているエリア

エリアをどうするかですが、私は100%長崎の物件を買っています。

それは、安く買える物件が多いわりに、一定以上の家賃をいただけて、賃貸需要も底堅いからです。

また、いくつか物件を買う中で、現地にお世話になっている仲介会社さんや職人さんなどのチームができたので、効率を上げるために長崎に集中しているという意味もあります。

ただし、長崎市ならどこでもいいわけではありません。

私が買っていいと思っている長崎の場所は、中心部にある路面電車の駅（どの駅でもいい）から徒歩30分以内の場所です。距離にすると2400mまでの範囲です。

平成の市町村合併により、昔は長崎市ではなかった所で長崎市に名前が変わった場所がありますが、私はそのエリアは買っていません。

もちろん、長崎以外にも、全国でボロ物件投資に向いているエリアは他にもあります。ひとつの基準は、大都市すぎないことです。

東京、大阪、名古屋、福岡、札幌、仙台といった都会は、百戦錬磨の投資家たちがおいしい物件を探しているので、ボロ物件でも大きく値段が下がることがありません。また、都会ですので賃貸需要はあるのですが、それ以上に供給過剰となっている福岡のような場所もあります。

ボロ物件投資で成功するには、安く買うことと、適正な賃料で満室経営ができることの両方が必要です。

そういう意味で、どちらか、もしくは両方が実現できない大都市圏は不向きなのです。では、どんな町がいいかというと、名前をいえばみんな知っているけれど、県庁でも政令指定都市でもないような都市です。

一般的な天気予報で名前が出てくるか出てこないかくらいの大きさというとわかりやすいでしょうか。

また、平地が広すぎないことも大切です。

平地がいくらでもある場所だと、新しい物件がどんどん建って、古い建物へのニーズが少なくなるからです。

逆に、駐車場代が1万円以上するエリア（平地が貴重な場所）ですと、新しい物件が建ちにくいため、供給過剰になるリスクが少なく、不動産投資に向いているといえます。

ここまで聞いて、「首都圏では難しそうですね」と言う人がいますが、そんなことはありません。

例えば、知り合いのある投資家さんは、千葉県の茂原エリアでボロ物件投資をしています。

関東にもかかわらず、利回り20％以上は当たり前（リフォーム費用込み）という高利回り投資を実現しており、売却も何度も経験されています。

長崎と茂原の共通点として、そのエリアだけで生活できる、ということがあります。

どういう意味かというと、その街に仕事があり、買い物をする場所があり、休みの日に遊びに行くところがある、ということです。

地方の町の中には、仕事も買い物も遊びも自分の住んでいるところではなく、車や電車に乗って近くの大きな町に行くのが当たり前というエリアがあります。

そういう場所は、いずれ大きな町に吸収されることが予想され、賃貸物件を長く保有するにはリスクがあると考えられます。

長崎も茂原も、産業も買物をする場所もあります。それでいて、安い不動産が見つかるというところがポイントなのです。

間違えやすいのが、「とにかく物件を安く買えること」に気を取られて、賃貸需要の有無をおろそかにしてしまうことです。

例えば北海道の小樽市は50万円~１００万円の戸建てがゴロゴロしていて、ネットで簡単に見つけることができます。

しかし、これらはほとんどが山の上のどんどん人が減っているエリアにあるものです。また、除雪の入らない道路沿いの物件が多く、地元の人には選ばれない物件が多いそうです。

また、相場よりも安い物件があったので掘り出しものだと思って買ったら、数年後に近くの大学が移転する計画があったことがわかった、というような話もよく聞きます。

そういうことを知らず、「安いから」という理由で購入すると、場合によってはお金をドブに捨てることにもなりかねません。

そういう意味で、ボロ物件投資をするエリアは、まったく知らないエリアよりも、昔住んでいた場所だとか、親戚が住んでいるなど、自分の知っているところが理想的です。

かといって、知らない場所は絶対にダメかというと、そんなこともありません。

現地に何度も足を運び、そのエリアの賃貸物件の空室率を調べたり、複数の不動産会社の人に賃貸需要をヒアリングしたりすることで、大きな失敗をすることは防げるでしょう。

私も物件を買う前には必ず、物件の近くにある3社以上の賃貸仲介会社を訪問して、「この物件なのですが、どのくらいの家賃で埋まると思いますか?」と質問しています。

地方に投資するメリットは他にもあります。

私は大阪出身で、社会人時代も東京と大阪という大都市圏で働いていました。

そして、大都市圏の経済規模が基準になっている自分から見ると、長崎は経済規模が小さい町です。

それは決して悪いことではなく、むしろ良いことだと思っています。

そのおかげで、小金を持っているだけでも、できることが多く、とても居心地がよく感じるからです。

表現が難しいのですが、海外旅行で発展途上国に行くとお金持ちになったような気分になるのと同じようなイメージです。同じ一万円札でも地域によって"一万円"の価値が異なるのです。

ですから、東京や大阪で働いていた人が地方に行くと、金銭的に色々なことを余裕を持ってできると思うはずです。

4 物件情報の入手方法

どうやって物件を探すのかという質問をよく受けます。

シンプルに言ってしまえば、特別な方法はありません。

当たり前の事を何回も何回も繰り返してやる、それだけです。

基本的には物件をネットで探します。

例えば、不動産投資の専門サイトで、長崎の戸建てとアパートを検索してみると、安い順にズラッと物件が並びます。

その中から、ドンピシャでも惜しい物件でもいいので、希望に近い条件のものが見つかったら、その売買仲介さんに連絡を取り、会いに行きます。

初心者にありがちな失敗として、ネットでの検索には時間をかけるのに、そこから先にまったく進めない、ということがあります。

だからこそ、思い切って仲介さんに連絡をとることに、大きな価値があります。「買わないかもしれない」なんて考えなくてもいいのです。

ネット検索で終わりにせず、「業者さんと知り合う」機会を積極的に作りましょう。

知り合いの営業さんに聞いた話ですが、物件をネットにあげると、「資料を送ってください」という連絡がたくさん入るのですが、それで終わりの人が大半で、実際に会いにくる人というのは、10人中、2~3人もいればいい方なのだそうです。

ここが、ライバルに差をつけるチャンスです。

飛行機に乗るのは大変だけれど、ホテル代ももったいないけれど、一回、その物件のある場所に行って、実際に営業マンさんと話をしてみると、得るものが多くあります。

それも1回で終わりにするのではなく、その1カ月後にまた同じ人が来た、3カ月後にまた同じ人が来たとなると、相手に顔を覚えてもらうことができます。

年に1回、地方に物件を探しにやってくる東京や大阪の投資家というのは、意外と多くいるのです。その中のひとりに過ぎないようでは、まだ十分ではありません。

売買仲介さんは、色々な事情があって、上のランクの物件も下のランクの物件も売らないといけない必要性に迫られています。

その時に、自分の名前と、「この人はボロ物件を買う人間だ」ということを覚えておいてもらえれば、いつか情報をもらえるはずです。


買う人は多数いて、物件数は少ないという現在の市場で、営業マンはどうやって物件を紹介する人を選ぶのでしょう。

答えは、覚えている人。連絡先が分かる人。トラブルになりにくそうな人、です。

特にボロ物件ですので、新築のように何もないことはない、ということをちゃんと理解していて、もし何かあったとしても見抜けなかった自分のせいと受け止められる人が選ばれやすくなります。
1、2回会っただけでは相手の印象に残りにくく、脳内で検索するときの対象になってきません。
ですから、エリアを決めたら、3回、4回、5回と現地に足を運び、趣味や家族構成までも覚えるくらいの関係を目指しましょう。そこまでいけば、営業マンの頭の中の投資家上位5人ぐらいに入れます。

5 良いボロ物件と悪いボロ物件

情報をもらえるようになっても、物件を選ぶ目がなければ、ボロ物件投資で成功することはできません。

ボロ物件投資で安定的に収益を上げていくためには、入口である物件購入時にしっかりと「良いボロ物件」と「悪いボロ物件」を見極めて購入していくことが重要です。

どのような物件が良いボロ物件で、どのような物件が悪いボロ物件か、ということについて説明します。

1）良いボロ物件

◆**条件1：賃貸需要がある**

当たり前ですが、不動産投資を前提に物件を購入する以上、購入予定の物件に賃貸需要があることが必須となります。

どんなに物件価格が安くても、賃貸需要のない物件は購入してはいけません。

賃貸需要を調べるのは簡単です。すでに述べたように、近隣の賃貸不動産会社をまわり、「この物件を買おうと思っているんですが、いくらで決まると思いますか?」と質問するのです。

相手は、「管理をまかせてもらえるかもしれない」と思うので、親身になって答えてくれることがほとんどです。

このとき、「このエリアは厳しいと思いますよ」といわれたり、「3万円以下の家賃」という返事だったりした場合は、私は撤退するようにしています。

ここで妥協すると、失敗します。

物件はいくらでも出てくるので、条件に合わなければ潔く引き返すべきです。

私が投資をしている長崎では、空き家をもてあます人が増えており、先日も「0円で良いので戸建を引き取ってほしい」というお話をいただきました。

しかし、調べてみたところ、市内中心部から車で30分以上離れた山間部で、周辺にアパマンショップやエイブルなどの店舗が存在せず、賃貸需要の見込めないエリアだったため、お断りしました。

「0円なら、もらっておけばいいのに」という人もいましたが、私は不動産が欲しいわけではなく、お金を生む仕組みを求めているので、もったいないとは思いません。

私の本を読んで、激安物件を買われた方から、ときどき相談を受けることがあるのですが、その多くが、「安く買えたけれど、埋まらなくて困っている」というものです。

不動産投資初心者のブログなどを見ても、安い物件を買ったのはいいけれど、家賃も激安で、まったく儲からないといった失敗談が出てきます。

安ければなんでもいいというわけではなく、安くて賃貸物件として価値がある物件を選ぶことが大切です。

◆条件2：建物の状態が想定利回りを達成できるレベル以上

賃貸需要が存在した場合でも、建物の状態が想定利回りを達成できるレベル以上でない場合は、物件の購入は見送った方が賢明です。

「建物の状態が想定利回りを達成できるレベル以上」というのは、リフォームにコストがかかりすぎない物件ということです。

入居者付けに必要なリフォームを、想定している利回りの範囲内で実施できるかどうか？　ということが一つの判断基準になります。

例えば、私の例でいうと、先月、長崎市内のある町で、4世帯・約400万円・敷地内駐車可能という条件のアパートに利回り20%台の見込みで買い付けを入れたのですが、結局、買わなかったということがありました。

理由は、決済前の建物調査で深刻なシロアリ被害を発見し、その復旧に75万円程度かかることが見込まれたため、想定していた利回りを達成できなくなったからです。

このケースでは買付証明書に次のように記載しておいたため、スムーズに買い付けを取り下げることができました。

・決済前に物件調査（シロアリ・雨漏り調査等）を実施させていただくことを本買い付け発効の条件とさせていただきます。

・調査の結果、物件に深刻な問題が発見されないことを本買い付け発効の条件とさせていただきます。

補足ですが、シロアリは軽度の被害なら購入することもあります。

安価で補修と対策を講じる法方があるからです。

白アリ駆除業者はいくつもあるのですが、その中でもきちんとした組織になっている業者さんは、たいてい見積りや現地調査は無料でやってくれます。

私はそういう会社に物件を買う前に調査に入ってもらい、白アリの状況を把握した上で買うようにしています。

時間的にそれが無理な場合は、買付証明書に白アリが後日発見された場合は、本買付証明書は無効になりますと書いておきます。

自分の名前で見積りを取りまくって、それなのに発注しないと、白アリ駆除業者のブラックリストに載ってしまうので、そこは注意が必要です。

2）悪いボロ物件

悪いボロ物件の定義は、前述の「良いボロ物件」の逆だと考えていただければ間違いありません。

ここでは、脇田が過去に遭遇した「悪いボロ物件」の事例を一つ紹介します。

◆「悪いボロ物件」事例・・・川沿い・崩れかけの地盤に建つ物件

「脇田さん。１５０万円で出ていた戸建てが50万円に値下げされたので一度ご覧になりませんか？」

ある不動産会社さんからこのようなお声掛けをいただき、数年前の夏に物件調査へ向かいました。しかし、物件が川沿いの断崖絶壁に立地しており、しかもその土地の地盤が崩壊しているという物件でした（笑）。

さらに、現在のオーナーさんが、市役所より、「隣接している河川の管理に悪影響があるので自費で地盤の修復を実施してください」と勧告されているということも判明しました。

100万円程度のリフォームを実施すれば月額4万円程度の賃料を実現できそうだったので、当初は50万円から更に値引きできれば購入しても良いと考えていました。

しかし、いくら安く買えても、その後で桁違いの地盤修復費用やリフォーム費用がかかるようでは、買う意味がありませんので、この物件の購入は見送りました。

不動産会社の中にはこのような情報を積極的に示さないところもあります。

ネットの物件情報を見て、「早くしないと他のライバルに買われてしまう」と言って、よく調べもせずに購入する人がいますが、安物買いの銭失いになる可能性があるので注意してください。

⑥ 指値を入れる

現場に行ったら、私は物件をチェックすると同時に、来てくれた不動産会社の方に必ず、次のことを聞いています。

・売主さんはどんな人ですか
・売り出しの理由はなんですか
・物件の良い所、悪い所はなんですか
・賃貸に出すとしたら何をやった方がいいと思いますか
・想定賃料はいくらですか

こうして得られた情報に加えて、前に書いた近隣の不動産賃貸業者の意見も考慮し、買うかやめるか、買うならいくらで指値を入れるかを決めていきます。（リフォーム代込みで利回り20％など）。

指値を入れる場合は、まず、どのくらいまで下がりそうなのかを仲介業者さんにきいてみます。

そこで、高い価格を伝えられたら、「大変申し訳ないのですが、私の基準では○○○万円です」というように自分の基準を伝えます。その上で、「今回は厳しそうですが、また物件が出たら教えてください」と伝えます。

私はそういうとき、「今日はお時間をいただき、ありがとうございました」と言って、帰りのガソリン代を包んで渡すことも忘れません。

私の場合、最初から安い値段がついている物件を見に行くことも多いので、半分くらいは出されている価格で買っています。

残りの半分は指値を入れますが、ここ2年くらいは8割くらいの割合で通っています。

というのも、このエリアで何度もボロ物件を買っているので、「この投資家さんは、安い物件を買う人だ」と仲介業者さんもわかってきて、値段が下がりやすい物件に絞って紹介してくれるようになるからです。

最初は自分を理解してくれる業者さんに出会えず、なかなか思うように買うことができないかもしれません。

しかし、買えば買うほど買いやすくなるので、最初の段階で心を折らないようにすることが大切です。

7 ボロ物件マーケティング

「ボロ物件マーケティング」とは、「どんな人に物件を借りてもらうかを考えて、ふさわしい対策を講じる」という意味です。

借り手がつかなければ、安く買っても意味がありませんから、ここは非常に大事なところです。

例えば、安く買えるボロ物件はほとんどの場合、中もボロボロですので、物件を購入したらリフォームをします。

このとき、ターゲットとなる入居者像をイメージせずに漠然とリフォームをすると、「ずっと入居が決まらない」「リフォーム費用が高くつく」というようなことになりかねません。

では、具体的にはどんなことをすればいいのか？　ここでは、私が買った物件の最近の事例をもとに、具体例をいくつか紹介していきたいと思います。

1）住所のイメージを把握する

物件には住所があり、住所にはそれぞれが持つ「イメージ」があります。ですから、「＊＊市＊＊町」と聞いて、人々がどのようなイメージを持つのかをまずは把握して、マーケティングに生かすことが大切です。

正直、私が買っているような安いボロ物件は、住所を聞いただけで地元の人があまりよくないイメージを持つようなところも多く含まれます。

例えば、「＊＊町は山の上だから買い物に不便そうだな」とか「＊＊町は階段立地だから車が入らず不便なので積極的に住みたいとは思わない」などというような場所です。

このような場合、入居希望者さんに物件を見に来てもらう以前の問題として、「マイナスの先入観」というリスクがあります。

それを防ぐには、物件情報のところに下記のような内容を追記するなどの対策を取る必要があります。

「街側の市道からは約70段の階段がありますが、自動車で一旦山の上まで車で登り、物件すぐ近くの＊＊駐車場に車を停めれば階段を10段下るだけで物件に到着できます！　貸主にて当該駐車場を確保済みです。月額＊千円」。

検索サイトの「アピール欄」や「その他欄」で、こういったコメントを入れておくだけでマイナスイメージを一定程度軽減できます。

もちろん、営業マンの口頭による説明も効果的ですので、担当者にはＰＲポイントをお伝えしておきます。

知人の例ですが、急こう配の階段を１２０段近く登らないと到着できず、入居者付けに苦労している物件がありました。

しかし、幸運なことに、物件のすぐ上に市道が開通し、そこまで自動車で行けば物件まですぐに到着できるようになったのです。

そのため、市道の話と近隣の月極め駐車場の情報を賃貸仲介さんへきっちりとお伝えすると、すぐに入居が決まりました。

長崎湾や市内の景色が一望できる立地だったため、入居者さんには見晴らしがよくていい物件だと喜ばれました。

補足すると、私の所有するボロ物件の20～30％は生活保護の方が住んでいます。

長崎の場合、生活保護の方に支給される家賃には単身とファミリーの2区分があり、単身は3万円、ファミリーは3・9万円が一律支給されていました。

それが去年の夏に基準が上がって単身が3・6万円、ファミリーが4・7万円になり、更に区分が新設されて、ディンクス（二人暮らし）には4・3万円が支給されるようになりました。

投資家の中には、生活保護の方ばかりを集めた物件を作り、家賃も支給額の上限に設定している人がいますが、私は一般の方も保護の方も特に区別していません。

市場に揉まれるうちに自然と家賃額も落ち着いていくと思います。

2）間取りを組み替える

通常、物件を購入したら、元の間取りのままでリフォームを検討することが多いと思います。

例えば、4世帯のアパートを購入したら4世帯のままでリフォームを行いますし、1世帯の戸建なら1世帯のまま活用することがほとんどです。

しかし、ボロ物件の場合は必ずしも元の間取りにこだわる必要はありません。

例えば先日、私の知人が買った物件で、外観は4～6世帯程度の木造アパートに見えるけれど、実際は約10世帯ほどの下宿だったという物件がありました。

金額が極端に低かったため購入したのですが、現在では下宿の需要があるはずもありませんし、シェアハウスの需要もない立地でした。

そうなると、水回りが一つしかないこの物件をそのまま再生しても、意味がありません。

そこで、当該物件を3つに分割し、水道・電気・ガスの3世帯個別引き込みの手続きから、各世帯へのユニットバス等の水回り設備の設置、追加する世帯への玄関扉の新設などを行いました。

元々下宿だったこの物件は、3世帯のファミリー向けアパートに変更することで、現在の需要にあった物件に再生することができました。

格安で買っているため、利回りも十分な数値を確保できました。

コラム　将来のリスクに備えて必ず保険に入る

ボロ物件投資では、保険でリスクに備えることが成功のカギを握ります。

私は将来の雨漏りをはじめとする様々なリスクに備えるため、どんなに安い物件でも、損害保険に加入するようにしています。

次から、私が実際にどのような保険を活用しているかについて、紹介します。

※本書の記載は一例です。詳細は各保険会社へ問い合わせて下さい。

1）火災保険だけでなく地震保険にも入るべし！

物件を購入し、所有している間は、常に地震や津波、強風や大雨等の被害にあうリスクを抱えることになります。大家の責任として、入居者の安全を確保するため様々な予防措置を講じることは大切ですが、最後に頼りになるのは保険です。

私は、物件を購入すると同時に、次の保険には必ず加入しています。（ここでは便宜上、全労済や都道府県民共済が提供する「共済」についても、民間の損保に合わせて「保険」と表記します)。

◆火災保険

火災保険については、とくに説明の必要はないと思います。民間の損害保険会社か全労済や都道府県民共済などが検討対象になります。

全労災と都道府県民共済は、保険料が3割程度割安(全労済は最初から安く、都道府県民共済は後で戻ってくる)ですが、民間の損保の方が補償内容が充実している場合が多いようです。

民間の火災保険を契約される場合は、「給排水管のトラブルを補償してくれる特約」を付帯することがポイントです。

火災で建物が全焼するようなケースは稀でも、給排水管のトラブルで修繕を行う必要に迫られるケースはそれなりにあるからです。

私の場合、ボロ物件系は割安な全労済で契約しています。

これは、木造のボロ物件の場合、大型の鉄筋コンクリート物件等と比較すると、給排水管トラブルの際の復旧費自体がそもそも格安であるケースが多いのが理由です。

言い換えれば、「特約の充実度より保険料の低さというメリットを選択したい」という考えから、割安な全労災を利用しているのです。このあたりは、ご自身のお考えに応じて適宜選択されると良いと思います。

◆**地震保険**

何も考えずに加入することをおすすめします。「この地域は地震が少ないエリアだから大丈夫」とか「新耐震の建物だから問題ない」という考えは甘い、というのが個人的な意見です。

私は、ボロ物件系では、全労済の自然災害保障付火災共済の大型タイプに加入しています。

◆**施設賠償責任保険**

これは、所有している戸建やアパート等の施設が原因で事故が起こり、管理者が法律上の賠償責任を問われた際に使用できる保険です。

「建物の老朽化が原因で入居者さんに怪我をさせてしまった」「風で雨どいが外れて、下を歩いていた人をけがさせてしまった」といったケースに適用できます。

ボロ物件投資を行う際の不安材料の一つである、「建物の老朽化」が原因で他者への損害賠償責任を負ってしまった際に保証を受けられる点がポイントです。

この保険は保険料が非常に安いのが特徴です。長崎の私の6戸アパートの場合、保険料が年間2000円で、最高5億円までの補償が受けられます。

第4章

ボロ物件投資の成否を決める激安リフォームのコツ

世の中の多くの不動産投資は、良い物件を購入できたら、その時点で仕事の何割かが終わります。オーナーチェンジ物件なら、お金を払ったらもうやることがないということもあります。

しかし、ボロ物件では、買っただけでは何も始まりません。むしろ、そこからが本番です。

ボロ物件を購入したら、次は安価でセンス良く、賃貸需要に合った物件にリフォームをする必要があり、このリフォームにお金がかかりすぎたり、入居者のニーズを見誤ったりすれば、投資として失敗することもあるからです。

この章では、私がボロ物件投資でどのようにリフォームを行っているかを紹介します。

ここが最も頭を使い、手を使う部分ですが、リフォーム会社さん等に丸投げしてしまうと、大きな利益を失うことになります。

一度パターンができてしまえば、2度目からはスムーズです。ぜひ、激安リフォームのコツをマスターして、ボロ物件投資を成功させてほしいと思います。

1 激安リフォームのコツ（インフラ編）

これまでお伝えしてきたマーケティングの過程を経て、無事に物件を購入できたら、次はいよいよリフォームの番です。

年数が経過した古い物件を知恵と工夫で現代でも通用する立派な物件に改造していくのです。

実は、木造物件は適切なリフォームを行えば、非常に長持ちするという特徴があります。

一番わかりやすい例が、奈良県の法隆寺です。世界最古の木造建築物で、約１４００年も建ち続けています。

アパートや戸建ては法隆寺と同じ材料を使っていないので、普通の居住用の建物も同じとはいえませんが、木が丈夫であることは間違いありません。

世間では一般的に、ＲＣ物件の方が木造よりも長持ちすると思われています。

しかし、廃墟と化した軍艦島を見ればわかるように、コンクリートは意外ともろいものです。

もちろん、適切なタイミングで適切な修繕をすれば、軍艦島のようにはならないのでしょう。しかし、木造と違い、ＲＣ物件の修繕には、莫大な費用がかかります。

また、コンクリートは毎年少しずつ中性化が進むという性質があります。

コンクリートの中性化を遅らせることはできても、止めたり若返らせたりすることは不可能です。

その点、木造はいい意味でも悪い意味でもプラモデルみたいなものなので、安価にリフォームが行えます。

例えば、梁や柱が傷んでいたら、そこだけ外して新しい物と簡単に取り替えることができます。工事費も数万円から数十万円でたいていのことができます。

それでもまた、何十年も立派にもたせることができるのです。

ですから、私は木造ほどいい建物はないと思っています。


次に、リフォームの第１段階で行うべきインフラ周りの工事について、お伝えしていきます。

インフラとは電気・ガス・水道・インターネット＆電話・テレビ等の入居者さんの

生活にとって必要な各ライフラインのことです。

1）電気

物件購入後、建物内外の電気設備の状態を把握するため、一度電気屋さんに現場を見てもらうことをおすすめします。

主なチェックポイントは下記の通りです。

①ブレーカーの電気容量は十分か？

ワンルームの場合でも現在では最低30A（一般的な100V機器の場合、家中で3000Wの電気を同時に使えるということ）は欲しいところです。

2K以上の間取りの場合、40A以上を目安にすると良いでしょう。

②漏電遮断器等の安全設備がついているか？

現在では当然、分電盤に漏電遮断器が設置されていますが、ボロ物件の場合は漏電遮断器が設置されていない物件というのが結構な割合で存在します。

せっかく電気屋さんにお願いして工事を行うのですから漏電遮断器の設置をついで

にお願いしてしまうと良いでしょう。

③洗濯機置き場や台所の容量は足りているか？

現在では、乾燥機付きの洗濯機が広く普及していますので、洗濯機置き場の電気容量が足りているかを確認することをおすすめします。

洗濯機置き場に100V15A（1500Wの電気を使える）の単独回線が最初から用意されているボロ物件というのはほとんど見たことがありません。

必要に応じて、電気容量の増設を検討して下さい。

通常、洗濯機は脱衣所に置かれますが、脱衣所では他にもドライヤーや足元用の暖房など消費電力が高い機器を使用するケースが多いので、念入りな対策が必要です。

細かいことですが、このような下準備が今後、数十年と続いていく賃貸経営を安定させる一つの要因になっていきます。

この工事だけを単独で発注すると割高になることがほとんどですが、建物全部の作業をまとめて電気屋さんへ依頼するようにすれば、ほとんどコストを掛けずに21世紀仕様の電気設備を構築していけるはずです。

④室内外の電気配線に問題はないか？

ボロ物件の場合、新築以来、一度も電気のケーブルを交換していないというようなケースが珍しくありません。というか、そういうものがほとんどです。

いわゆるボロ物件が新築されたのは今からだいたい30〜40年以上前ということが多いと思いますが、当時は現在と違って一般家庭で使用される電気の容量が少なかったこともあり、現在の規格より劣ったケーブルが使用されています。

そもそもの規格が低く、更に経年劣化したケーブルを今後も使い続けることには相応のリスクがあります。

ですから、電気屋さんに安全性が担保されているかを調査してもらい、必要に応じてケーブル交換等を実施するのが良いと思います。

電気ケーブルというのは非常に安いものなので、この交換にかかるコストの大部分は電気屋さんの人件費です。他の作業とまとめて発注することでコスト削減が図れる可能性があるので、できれば最初にまとめて発注することをおすすめします。

② 激安リフォームのコツ（インフラ・ガス／水道／ネット&電話／テレビ）

1）ガス

「知っている」のと「知らない」のとで一番違いが表れるのがガス会社さんの選択です。ボロ物件をリフォームする際に私がおすすめしているのは、原則的に「ＬＰガスへ変更」することです。

ＬＰガス会社さんにお願いするメリットについては、過去の著書で詳しく述べているのでここでは割愛しますが、一言でいうと、ＬＰガス会社さんは他のガス会社さんとの競争に負けないために、オーナーにとってメリットのある様々なサービスをしてくれることが多く、これをうまく利用しようということです。

ひとつ例をあげると、過去に４世帯のアパートで、前のオーナーさんが契約していたガス会社さんにガス周りの工事をお願いしたところ、給湯器・給排水管の交換で50万円近い金額の見積もりとなりました。

しかし、それでは高すぎると思い、かねてからおつきあいのあった馴染みのガス会社さんへ再度見積もりをお願いしたところ、設備・配管工事が全て無料になった上に、逆に工事協力金を20万円以上いただけました。

「知っている」か「知らない」かの違いで70万円近い差が出てしまうわけです。

ただし、すべてのＬＰガス会社さんが、サービスをしてくれるわけではありません。有利な見積もりを提示してくれるガス会社さんは、エリア内に数社程度と思われます。

ですから、どのガス会社さんが良い条件を提示してくれるのか、投資家としてはアンテナをしっかりと張っておきたいところです。

私自身、少しでもいい条件でガスを引けるよう、数十社にコンタクトをとり、サービスの内容を確認しました。

その結果、かなり良い条件で契約を結ぶことができました。

ちなみに、私は数年前まで、１社に絞って長く付き合うスタンスだったのですが、最近は複数のガス会社さんと満遍なくお付き合いするシステムに変わってきています。

というのも、最近は天然ガスの値段の乱高下の影響で、従来なら新たに契約するともらえていた協力金の代金が時期によって変わるなど、状況が変わってきたからです。

また、最近始まった電気の自由化により、都市ガスだけでなく、ＬＰガス会社も電気に参入するところが増えてきています。長崎でも小規模のＬＰガス会社でも電気を売り始めました。

そのような会社の中には、電気への対応でお金が掛かるため、ＬＰガスの顧客へのサービスは引き締めモードになっているところもあります。

情報は毎年、変わっていますので、アンテナを立ててその都度、自分にあったやり方を選ぶことが大切です。

補足ですが、ＬＰガス会社の中には、都市ガスの2倍もするなど、単価が極端に高いところがあります。

そういう会社を選ぶと、入居者の退去につながり、何かサービスしてもらっても、意味がないということになりかねません。

ですから、ＬＰガス会社を選ぶ時は、どんなサービスが付与されているかだけでなく、ガスの値段もしっかりと比較検討してください。

2）水道

水道工事ほど作業を依頼するルートによって、金額が変わる工事はないと思います。相場はあってないようなものです。

例えば、お風呂を在来工法のお風呂からユニットバスへ変更したい場合、普通に不動産会社さんやリフォーム会社さんへ依頼してしまうと簡単に50万円や100万円を超える見積もりが出て来ます。

これを、給排水管の工事は一人親方の水道屋さんに、ユニットバスの工事をイナックスやリクシル・ハウステック等に頼んだあとで、職人さんへ仕上げを依頼すると、料金が大幅に安くなります。

分割発注なので発注側の手間は確かに増えますが、コスト削減効果はそれに見合うものです。

最近の私の事例では、単身向けアパートのユニットバスを施工費込約20万円で設置してもらったことがありました。

アクセントパネルやサーモスタット水栓、レインシャワー等も含んだ金額ですので、割安だと思います。

3）ネット&電話&テレビ

ネットと電話・テレビはケーブルテレビに統一することをおすすめします。

今後の保守管理の容易さと初期費用の安さ、実質的なランニングコストの低さを考えると、他の選択肢を圧倒していると思います。

私の場合、初期工事費はすべて無料、月額料金1500円で使い放題（ネットは10M程度の低速ですが、問題ありません）、電話も月額1000円程度の基本料金で使用できるプランを、ほぼ全ての募集中の物件に導入しています。

Ｗｉ－Ｆｉルーターを入居者に無料でプレゼントする施策も併せて実施するなど、家賃自体の安さだけではなく、ネットと電話を含めた実質的な生活費を抑えられる物件として入居希望者さんへアピールすると良いでしょう。

③ 激安リフォームのコツ（水回り編）

浴室やキッチン・トイレなどの水回りが美しく仕上がっていると入居希望者さんの印象も上向きます。

水周りの工事はお金がかかると思い込んでいる方が多いようですが、工夫次第で安くできますので、参考にして欲しいと思います。

1）浴室・水道

浴室を効果的にバリューアップする方法は大きく二通りあります。

一つ目は、既存の設備を有効活用しながら、浴槽入れ替え＆バスパネル施工をする方法です。

この方法の一番のメリットは、最も安価で内覧時の印象を劇的に向上できる点です。壁にバスパネルを施工して、経年劣化した浴槽を入れ替えるだけなら10万円未満でできることも珍しくありません。

水漏れ等のトラブルが発生しておらず、そこまで程度が悪くない場合はこの工法が効果的だといえます。

二つ目は、新規にユニットバスを導入してしまう方法です。

一見、すごいお金がかかりそうですが、私の経験では、上記写真の仕様で、部材費・工事費・ごみ処分費・配管接続費等を含めても30万円程度～施工可能な

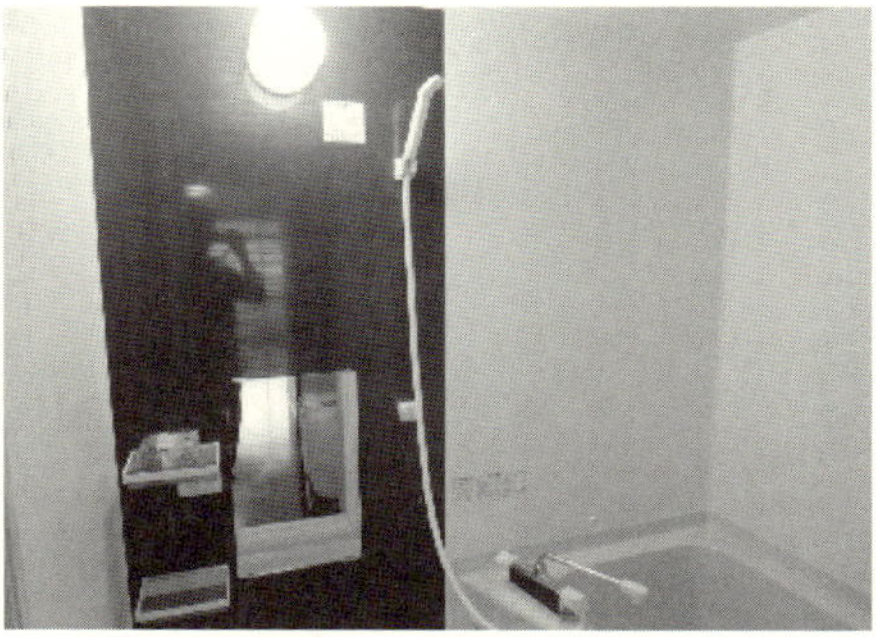
ユニットバスを導入すると水回りのイメージを一新できる

ケースが多かったです。

この価格は自動車が物件の前まで入らない階段立地を想定した数字ですので、自動車が入る物件の場合はさらに安価で工事できる可能性もあります。

（写真は私がお手伝いした物件の浴室。築40年を超えた風呂なしアパートの水回りをモダンに仕上げた。アクセントパネルとサーモスタット水栓は必ず選択したい。安価なモデルはこの2点が省かれているケースが多いので注意が必要）。

2）洗濯機パン・洗面台・トイレ

「洗濯機パンがない」もしくは「洗濯機置き場が屋外」というケースの場合、迷わず室内に洗濯機パンを新設することをおすすめします。

和室を洋室化し押入れを廃止して洗濯機パンとトイレを設置

ポイントは既存の水回りの近くに新設することで配管工事費を節約することと、電気についても、乾燥機の利用を想定し容量の大きな単独回線を準備しておくことです。

（写真は以前、お手伝いした物件の事例。洗濯

シャンプードレッサーを新設

押入れだったスペースを活用した洋式トイレ

機パンがあるのは、元は和室の押し入れだった場所。和室を洋室化し押入れを廃止して洗濯機パンとトイレに作り替えた）。

「既存の洗面台が古い」もしくは「洗面台がない」という場合も、迷わず幅750ミリ以上のシャンプードレッサーを新設するといいと思います。

（写真は以前、お手伝いした物件の事例。リビングの隅にシャンプードレッサーを新設した。部屋の隅の壁際などちょっとした隙間を利用して洗面台を設置すると入居希望者さんに喜ばれる）。

また、トイレはどんなに古い物件でも洋式であることは必須です。

（写真は元々押入れだったスペースを活用して洋式トイレを設置した。タンクレスでなくても現代風の清潔感のあるトイレスペースを演出できた)。

3) 台所

既存の台所の見た目が古い場合は、迷わず新しい流し台に入れ替えることをおすすめします。

ポイントは、その物件の入居者の性質にあった大きさ(横幅)の流し台を選択することです。

公団用流し台を導入した事例

例えばファミリータイプなら1700ミリ幅以上で、単身タイプなら1400ミリ幅程度のコンパクトなものといったように、入居者の生活スタイルに合ったものを選びましょう。

また、流し台を入れ替える際には、合わせて周辺の壁面にキッチンパネルも施工するといいと思います。

安価で見た目の印象が劇的に向上します。クロスと比べてその後のメンテナンス費が低く抑えられるのも利点の一つです。

（写真は壁面と出窓部分にキッチンパネルを施工し、公団用流し台を導入した事例。この物件は脇田がお手伝いした1棟6室のファミリー向けアパート。工事完了後すぐに全室入居が決まった）。

4 激安リフォームのコツ（床・壁・天井）

内覧時、入居希望者さんの印象に一番影響を与えるのはもっとも目に入る面積の大きい床・壁・天井です。

効果が大きいので、手を抜かず、しっかりと手を加えていきたいポイントといえます。

1）床

入居希望者さんが物件を訪れた際、最初に目に入る場所（＝チェックする場所）が「床」です。

リフォームする際は、元の床材の種類に関わらず、原則的にはフローリング化することをおすすめします。

リフォーム前

リフォーム後

床がキレイだと、それだけで物件に対する印象が高まります。

既存の床がじゅうたんの場合は、家具や冷蔵庫の跡がつくため原状回復費用が継続的にかかる上、どうしても「ダニがいるのでは？」というイメージを持たれるため、客付け上の問題もあります。

既存の床が既に床板の場合でも、床なりやレベルが取れていない（床が斜めになっている）などの問題があれば、新しいフローリングにやり替えてしまうといいでしょう。その際、根太等の下地も大工さんに見てもらい、問題があれば抜本的に修繕してしまうことをおすすめします。

既存の床板に機能上の問題はないけれど、見た目がキレイではないという場合は、既存の床板の上にクッションフロア（CF）かフローリングを増し貼りするという方法もあります。

クッションフロアにするか、フローリングにするかは、部屋の状況（水回りの湿気の有無）や床の高さ（フローリングを既存の床材の上に増し貼りすると、9～12ミリ床の高さが上がるため）に応じて選択しましょう。

既存の床が畳の場合は、じゅうたんの場合と同じく、迷わずフローリング化するのがおすすめです。

その時はお金がかかりますが、将来的な畳の表替え費用を節約できることを考えれば、数年で元が取れるはずです。（写真は和室のリフォーム前とリフォーム後。畳はフローリング化し、和室2間をつなげて開放的なリビングとした）。

コラム　意外と高い畳の処分代とユニークな解決策

私は購入した物件に和室がある場合、基本的にすべて、フローリングに変えています。その方が現代の入居者ニーズにマッチしているからです。

しかし、ここで困るのが畳の処分です。

長崎では安い業者さんに頼んでも、1枚2000円程度の処分費用がかかります。2DKのアパートで1戸あたり6畳と4畳半の和室があった場合、6世帯分で66畳（半畳でも1畳分の処分費用がかかるのです）。

1枚2000円なら、処分費用だけで13万2000円かかることになります。

この出費はバカになりません。

何かいい方法はないかと長崎暮らしの長い知人に相談すると、思わぬアドバイスをもらうことができました。

「それなら、弓道場とアーチェリー場に持ち込めば、無料で引き取ってくれるはずだよ」というのです。

半信半疑で問い合わせてみると、その話は本当でした。

弓道やアーチェリーでは、古い畳に丸い標的の書かれた紙を貼り付けたものを的として使用するため、常に古い畳が必要なのです。

それ以来、私は処分する畳が出ると、その都度、弓道場やアーチェリー場に持ち込み、引き取ってもらっています。

ただし、一つ注意点があります。それは、イグサでできた古い畳でないとダメということです。

以前、それを知らないで新建材で作られた畳を持ち込んだところ、「イグサの畳なら突き刺さった矢がスポッと抜けるけれど、こういう畳だと、新建材の原料の樹脂が矢にくっついてしまうから困るんだよ！」と、けっこう強めに叱られてしまいました（笑）。

それ以来、持ち込む前には畳の原料をしっかり確認するようにしています。

古い畳の処分は、ボロ物件を扱う投資家には必ずつきまとう問題です。

高い処分費用に困っている場合は、弓道場やアーチェリー場に、引き取ってもらえないか訊いてみるとよいと思います。

2）壁

中古物件の壁を効果的にキレイに仕上げる方法は大きく2パターンあります。

既存の壁が既にクロスの場合は、新しいクロスに貼りかえるだけで劇的に見た目の印象を向上させられます。

洋室のリフォーム後

洋室のリフォーム前

ポイントは平凡な白系の量産クロスは避け、例えばサンゲツであれば、「FINE」などの1000番台のクロスを使用することです。

（写真は古い洋室のリフォーム前とリフォーム後。リフォーム前の壁には化粧ベニアが使用されていた。リフォーム後は、経年劣化した化粧ベニアの上にサンゲツのFE－3825（左側壁）、FE－3824（正面壁）を施工し、アクセントとしてミラー付きのプレートを4枚、縦に設置した。古めかしい部屋が、明るくモダンになった）。

もう一つの方法は、既存の土壁や繊維壁の上に石膏ボード等を大工仕事で施工し、その上にクロスを貼る方法です。

この方法の長所は既存の和室の柱等も石膏ボードの下に隠せるため、完全な洋室に仕上げられることと、既存の壁と新しい壁の2重の壁になり防音・断熱効果が上がる点です。

短所は、大工仕事が増える分コストがかかることと、室内の有効面積が若干狭くなってしまうことです。

3）天井

アクセントとして天井に濃い色のクロスを施工

原則的に、天井はシンプルに白系のクロスを施工するといいと思います。グレードも天井に関しては量産クロスで良いでしょう。

ただし、ロフトがある天井の高い物件の場合は天井部分のみアクセントとして濃い色のクロスを施工しても面白いと思います。写真の物件では、天井とのコントラストを際立たせるため壁面はあえて白色としました。

壁面は量産クロスではなく、サンゲツの傷などに強い「スーパー耐久性（ペット対応）」を採用しています。

壁、床、天井は表面積が大きい分、少し工夫をするだけで、物件の差別化という効果を得られます。

入居希望者に与える印象を大きくアップする効果があるので、ぜひ試してほしいと思います。

5 激安リフォームのコツ（照明）

物件の内覧中、入居契約に向けて入居希望者さんの背中を押す効果が期待できるのが、照明回りの設備です。

他のリフォームと比べると地味な項目ですが、手を抜かず、しっかりと対処していきたいポイントといえます。

1）ダウンライト

物件の魅力を効果的に向上させる照明器具として、一番に考えられるのはダウンライトです。

ダウンライトは天井にあらかじめ埋め込まれたタイプの照明器具で、「でっぱり」がないことが特徴です。

そのため、見た目上、とてもすっきりとした印象になります。

一般的には、トイレや階段・廊下・脱衣所・玄関など、比較的狭い空間の照明として使用されることが多いようですが、複数のダウンライトを配置することで、リビングや居室等のメインの照明として使用しても良いと思います。

4～8基くらいのダウンライトを整然と配置することで、デザイン性に優れた物件であることを入居希望者さんへアピールできます。

建具を新しく導入する予定がある場合は、通常より背の高いハイタイプのドアや引き戸を、ダウンライトと組み合わせて導入すると、室内がとても洗練されて見えます。

通常のでっぱりのある照明器具ならハイタイプのドアとぶつかってしまうような場所にダウンライトを使うと、「計算された感」が出て、とてもカッコよくなります。

大阪や東京のタワーマンション等では昔からよくある組み合わせです。

ダウンライトの費用対効果は非常に高く、最近ではデザイン性に優れたＬＥＤダウンライトが60型電球相当のもので１５００円程度から購入できます。

工事費も天井への穴あけ・配線工事を含めても、工事の規模にもよりますが1カ所あたり数千円から、電気職人さんに取り付けてもらえるケースが多いと思います。

2）ＬＥＤ

２０１６年現在、せっかく照明器具を導入するなら、デザイン性に優れたＬＥＤ照明を積極的に選択されるといいと思います。

この数年でＬＥＤ照明の価格は大幅に下がり、性能も大幅に向上しました。

例えば、光色を切り替えられるＬＥＤ照明があります。これらを浴室やダイニングなどに導入してみるのはどうでしょうか。

わずか数千円の支出で、「照明の色を自由に切り替えられる物件」という差別化要素を物件に取り入れることができます。

「ゆっくりとお風呂に入りたいときはリラックスできる電球色の光」を、「朝など目を覚ましたいときはくっきりとした白色の光」を、入居者さんが任意に選択できるようにしておくと良いでしょう。

小さいことのようですが、このような細かな他との差別化がボディブローのように入居募集時には効いてきます。

ＰＯＰ等を活用して「光色を切り替えられる」「消費電力が低く電気代を節約できる」照明であることを積極的にアピールするのも忘れてはいけません。

3）センサーライト

玄関やトイレ、階段・廊下などには、センサーライトを導入することをおすすめします。

賃貸物件の場合、特に玄関にセンサー式の照明を導入しておくと、入居希望者さんへ効果的にアピールできると思います。

既存の照明器具がＥ26口金、Ｅ17口金などの電球タイプの照明器具の場合、センサー機能が搭載されたＬＥＤ電球を数千円で購入して取りつけるだけでも十分です。

壁の工事を行うついでがある場合などは、より高性能なパナソニック製の「かってにスイッチ」等を電気職人さんへ依頼して取りつけてもらっても良いでしょう。

取り付け後は、入居希望者さんが玄関に入った際、自動的に照明器具が点灯するよう、ブレーカーを切らないでほしいと不動産会社さんに伝えておくようにします。

このように、照明の活用は安価に、そしてダイレクトに、入居付けへの効果が期待できるのです。

6 印象に残るモデルルーム化

「モデルルーム化」は数年前に比べると取り入れている投資家が増えています。

しかし、その多くは都会の高級物件であり、地方のボロ物件で採用しているケースはほとんどありません。

私は家賃3万～4万円の物件でも、すぐに決めたい場合には、モデルルーム化をしています。

次からは、ちょっとした工夫一つで、コストをあまりかけず内覧時、お部屋の印象を劇的に向上させる方法を紹介していきます。

【初級編】スリッパ・芳香剤・観葉植物等を備え付ける

最近は、多くの大家さんが募集中の物件に「スリッパ」「芳香剤」「観葉植物」などを設置されていると思います。

これらのグッズを部屋に設置するのは本当に簡単です。予算も少しでできる上に、他の空室との差別化をはかれます。

あらかじめスリッパ等の在庫をストックしておき、入居者募集を行う際には、当たり前のルーチンワークとして室内を飾りつけされるといいと思います。

スリッパはシンプルなデザインの物を選び、常に清潔感のある状態を保てるようにしましょう。

【中級編】カーペットやフロア照明などを備え付ける

次に、すべきことは、リビングや各居室の床面にカーペットやクッションを置くことです。それだけで室内の印象は劇的に向上します。

カーペットの色は、ターゲットとなる入居者像や室内のイメージに合わせて、コーディネイトされるといいと思います。

どんな種類のカーペットでも構いませんが、床面全体を覆い隠すように敷き詰めるのではなく、アクセント的に一部分だけ敷くような形が見栄えがすると思います。

春頃の募集なら桜色のカーペットを、夏の時期なら青色や黄色などの原色系を選択するなど、季節感を上手く演出するのも面白いと思います。

例えばイケアには常時、1メートル四方くらいのサイズのカーペットが定番色と季節ごとの特別色のラインナップで複数タイプ販売されていますので、それらを購入して設置されるといいでしょう。

【中級編】アクセントパネルを設置する

次にすべきことは、面積が広く目立ちやすい壁の飾りつけです。例えば、リビングに入って正面の壁に、陶器製のタイルやプレートを設置すると、それだけで何だかとてもオシャレな物件に見えます。

設置方法は、強力タイプの両面テープや接着剤だけでも構いませんが、壁面に数か所穴をあけ、スペーサー等を活用して固定するとより安心でしょう。

【中級編】浄水器とマッサージシャワーヘッドを設置する

次にすべきモデルルーム化の方法は、浄水器やマッサージシャワーヘッドを設置することです。

流し台の水栓部分に浄水器を設置しておくと、それだけで台所全体がレベルアップして見えるから不思議なものです。

浄水器といっても３０００円程度からＡｍａｚｏｎ等で購入できますのでコストを

ほとんどかけずに効果的な飾りつけが可能です。

また、入居後の入居者様へのサービスの一環として、例えば1年に一回、浄水器のフィルターを無料で交換して差し上げるなどのサービスを実施されるのも面白いと思います。交換用のフィルターを購入し、郵送か手渡しの方法で定期的に配布するだけなので簡単に顧客満足度を上げられます。

浴室のシャワーには是非マッサージシャワーヘッドを設置されるといいと思います。TOTO製の3モードシャワーが3000円台から購入可能です。5000円ならデザイン性に優れたグローエのシャワーヘッドも購入できます。

コラム　請負の職人さんと常用の職人さんとの違いと出会い方

ボロ物件投資に欠かせないのがリフォームであり、リフォームに欠かせないのが職人さんです。

この職人さんですが、「請負」という形で仕事を請ける方と、「常用」という形で仕事を請ける方の２つのパターンがあります。

例えば、「和室をフローリングに変える工事で、フローリングは施主支給しますので、それで見積もりを出していただけますか？」と訊いたとします。「10万円です」と作業についての見積もりを出すのが請負の職人さんで、「1日1万5000円で、4日くらいかかると思います」と日当で答えるのが常用の職人さんです。

それぞれの特徴としては、請負の職人さんは自分でサッサと行程を組んで、できるだけ早く仕事を終えようとするのに対し、常用の職人さんは自主的というよりも施主の指示を待つような形で仕事を進め、仕上がりも当初の予定より遅れる傾向がある、ということです。

また、常用の職人さんに仕事を発注する場合には、小さな仕事を一つ二つではなく、全部で一ヶ月以上くらいのまとまった仕事を発注することが基本となります。

私はボロ物件投資を始めてしばらくの間は、請負の職人さんに仕事をお願いしていました。

自分の経験値が低いうちは、職人さんにうまく指示を出せないので、任せてしまえば安心という理由で請負の職人さんの方が安心だったからです。

しかし、今は常用の職人さんにお願いする方が多くなりました。

コンスタントに物件を買うようになり、常にどこかで工事があるということもありますし、自分の知識が深まって、職人さんに的確な指示を出せるようになったというのも理由です。

常用の職人さんにお願いするようになり、リフォームのコストが下がり、品質も一定したので、これからも常用の方にお願いするつもりです。

ちなみに、経営センスがあって、お客さんの気持ちがわかって、コミュニケーション能力が高い職人さんの多くは、常用ではなく、請負で実績を積み、ゆくゆくは工務店のオーナーへと経営形態を変えていくことが多いようです。

常用を続けている方というのは、経営者的な上昇志向はあまり強くなく、マイペースな方が多いといえるかもしれません。

その代わり、自分の技術や能力を日々磨いていきたいと考える方が多いように思います。文字通り〝職人〟気質なのです。

相性のいい方が見つかれば、力強いチームの一員になってくれるでしょう。聞いた話ですが、勉強会の中には、同じ勉強会のメンバーで一人の常用の職人さんを雇うような形で、仕事を発注しているところもあるそうです。

「自分は工事がしょっちゅうあるわけではないので、常用の方にお願いするのは難しい」という方は、参加している勉強会の仲間と共同発注する形をとれないか検討してみるといいかもしれません。

職人さんと知り合う方法

ところで、私がよく相談を受けることとして、職人さんとどうやって知り合うのか、ということがあります。

私の場合は、ほとんどが紹介です。

電話帳を見て職人さんに電話してみるとか、地域の建設組合に連絡をして紹介してもらうとか、工事現場に停車しているトラックの電話番号に電話をかけてみるということもしましたが、まったく知らない方に仕事をお願いすることはリスクが大きいと感じ、最終的には紹介に落ち着きました。

紹介パターンとして多いのは、売買仲介さんや賃貸仲介さんの営業マンと個人的に親しくなって（私の場合は、何度か焼肉を一緒に食べたりして親交を深めています）紹介してもらうというパターンです（管理会社さんは、リフォームも商売ですので、職人さんを紹介してもらうのはルール違反になります）。

職人さんは横のつながりがあるので、一人いい方を紹介してもらえると、その方に別の職人さんを紹介してもらうという風に、縁が広がっていきます。

最初の頃は色々な職人さんに仕事を発注していましたが、何人かの信頼できる職人さんに出会えたので、今ではほぼ固定のメンバーにお願いしています。

コラム　いいリフォームをしてもらうためのコツ

いいリフォームをするには、プロの業者さんに適切な工事を安く行ってもらう必要があります。

ここはボロ物件投資の成否を決める重要な部分です。

そして、私が良いリフォームをするために意識していることとして、「職人さんと泥臭いお付き合いをすること」があります。

ときどき、お金を払う自分が偉くて、仕事相手は自分より下の立場だと勘違いしている大家さんがいますが、そういう人はうまくいきません。

なあなあの関係もいけませんが、下に見るのは絶対にＮＧです。

こちらはお客様で、ビジネスとして相手に仕事を発注し、終わったらお金を振り込んで「はい、ご苦労さん」・・・ではなくて、「仕事仲間」として付き合うことが大切です。

差し入れにいったり、休憩中に声をかけて、お互いの趣味や家族のことを話したりするうちに、相手に仲間意識を持ってもらえれば、仕事のパフォーマンスも自然と上がるものです。

自分が逆の立場でも、やはりビジネスライクなお付き合いしかしていない人と、雑談ができるような親しい間柄の人だったら、親しい人の方の仕事により力が入るはずです。

ボロ物件投資では、古い物件を買うので、耐震補強などの面倒な作業がけっこうあります。

こういう見えないところは、手を抜こうと思えば抜けるところです。

でも、職人さんの仕事仲間になっておけば、一生懸命にやってくれます。

私はリフォームの現場が好きなので、職人さんの仕事ぶりを見る機会がよくあるのですが、彼らの技術というのは本当にすごいものです。絶対に一朝一夕ではできません。

不動産投資は、人にまかせられるのがメリットです。逆にいうと、まかせられる人がいなければ、成り立たないのです。

職人さんに限りませんが、力を貸してくれる皆さんに感謝の気持ちを持ってお付き合いすることを心がけましょう。

第5章

ボロ物件でも満室経営を維持する方法

この章では私の経験を元に、効率よく結果を出せる入居付けの方法をお伝えします。

どんなに良い物件でも、入居者へ適切にアプローチ出来なければ収益を生むことはできません。

ボロ物件を買うのは簡単です。しかし、こちらの希望の家賃で入居付けをして、その後も長く住み続けてもらうことは誰にでもできることではありません。

同じ物件でも、大家が変われば、入居率も家賃も大きく変わってきます。

私は不動産投資の仕事の中ではリフォームが最も好きですが、この入居付けの部分もやりがいがあって好きです。

ボロ物件投資は利回りが高いので、複数持っていると、いくつか空室があってもたいしたダメージにはなりません。

しかし、そこで「少しくらい空室があってもいい」と考えず、「何が何でも満室だ！」という気合を持ちましょう。

大家が本気を出せば、賃貸仲介の営業マンたちも力になってくれます。

1 「FAX1枚」で賃貸営業の半分が完了する

「空室が埋まらなくて困っています」

「新築完成後半年経っても3割しか入居が決まりません」

最近、こんな相談を受けることが増えてきました。

一言で空室が埋まらないといっても、その原因は様々で、画一的に「こうすれば空室を埋められますよ」ということはできません。

しかし、空室が埋まらない原因は大きく2つあると私は考えています。

1つ目は、物件には問題がないけれども、賃貸営業の方法に問題がある場合です。

その場合、「募集条件書」という紙を用意し、近隣の全賃貸仲介さんにFAXを送信することですべき仕事の半分が完了してしまいます。

言葉で「FAXを1枚送信するだけ」と書くと、とても簡単なことのように見えますが、それができていない人は多くいます。

なぜなら、実際にやろうとすると、様々な問題を乗り越えていく必要があるからです。

例えば、私のおすすめはなるべく多くの賃貸仲介さんへ同時に、並列的に賃貸仲介の依頼をかけていく方法ですが、「特定の一社と管理契約を結んでいるからそれはできない」といってそれを拒む大家さんが少なくありません。

「契約上の縛り」や「人間関係上のしがらみ」で、大家自ら不特定多数の賃貸仲介さんへ自由に募集依頼をかけにくいというケースです。

これは、地方で特に多いようです。

そのような場合には、既に管理を依頼している会社さんと相談し、管理会社さんを通して同業他社さんへ客付けを依頼してもらうなり、多数の賃貸仲介さんへ依頼をかけられるよう「縛り」を緩めていく必要があるでしょう。

実際に、今のやり方では埋まらないという明らかな問題が存在するのに、この障壁を乗り越えられずに空室問題を抱え続けている方が意外に多いように感じます。

② 残りの半分は、泥臭い営業活動がモノをいう

不特定多数の賃貸仲介さんへ募集条件書を送付することも大切ですが、ただ単に

ＦＡＸをばら撒いたからといって、それで自動的に入居付けができるわけではありません。

募集条件書の内容にも工夫が必要ですし、その後のアフターフォローも大切です。例えば、募集条件書に「広告料０・５カ月分」と書くより「広告料１カ月分」と書く方が有利に決まっています。しかし、その後で店舗へあいさつに行かない、電話もしないということでは、いざ入居希望者さんが店頭へやってきても、自分の物件を優先的に紹介してもらうことは難しいでしょう。

キモに命じてほしいのは、「自分の物件は他の何百・何千という物件の一つに過ぎない」ということです。

この事実を頭の片隅に置きながら、営業マンさんの利益になるよう、自分の物件を売り込んでいくことが入居付けのポイントです。

営業マンさんだって一戸でも多く成約させて成績を上げたいはずです。

「そのために自分の物件がお役に立てますよ」という発想で賃貸仲介さんと接するようにすれば、自ずとすべきことが見えてきます。

「この営業マンさんは給料制だから個人広告料を支払おう」

「この賃貸仲介さんは小規模だが経営者なので、広告料だけではなく、賃貸仲介以外にリフォームの見積もりも同時にお願いしてみよう」という風に、相手の立場に立って考えてみることで、とるべき手法も違ってくるはずです。

様々な意見があると思いますが、効果を得るという意味では、このやり方は実践的です。

3 適切にリフォームされていない物件は入居付けできない

2つ目は、物件のリフォームに問題がある場合です。

例えば、設備が競合物件と比べて見劣りする、原状回復工事が不十分なため前入居者の生活感が残ってしまっているなどのケースです。

このような場合は、適切なコスト管理の元で物件に応じたリフォームを行えばある程度問題を解決することができます。

リフォームの問題ではなく、立地や騒音・振動など外部環境が原因の場合は、そのマイナス要因を比較的気にしない層にターゲットを移す対策を取るか、そのマイナス要因を補えるだけの家賃や初期費用、付帯設備面でのメリットを提供するといいでしょう。

埋まらない空室はありません。

しかし、何もしないで「いつか埋まるだろう」と思っているだけでは、ずっと空室のままかもしれません。

大切なのは、昨日までやっていなかった何かを実行することです。

空室を抱えて困っている方に、営業に行くことをすすめると、「でも、大家が営業に行っても相手にされず、効果がないと聞きました」と答えた方がいました。

もちろん、地域性などによって、効果は異なるでしょう。

しかし、私や私の仲間たちはこの方法で実際にうまくいっています。

「魔法」のように空室が埋まる方法など、存在しません。

上記のような具体的な行動を起こしながら、自分と物件に合ったやり方を探す先で、満室経営が可能になるのです。

4 自主管理か管理会社に任せるか

私は所有物件をすべて、自主管理しています。

自主管理をしていると、鍵を失くした、水が漏れている、隣や下がうるさいなど、時間を問わず、電話がかかってきます。

ただし、頻度はそんなに高くありません。

ですので、コミュニケーションに自信のある人、ガッツのある人、入居者さんの力になるために最善を尽くしたい人には、自主管理をすることをお勧めします。

なぜお勧めするかというと、管理費を節約できる上に、賃貸管理のスキルを短期間で身につけることができるからです。

ただし、サラリーマン投資家で、しかも物件が遠方という場合は、現実的に考えて自主管理は難しいかもしれません。

自分の性格、物件との距離、現地に信頼できる管理会社があるかといった条件により、自主管理にするか管理会社に任せるかを決めましょう。

⑤ 特約事項で安定運営

「特約事項」についてお伝えします。

どんな内容かというと、入居者さんと賃貸借契約を交わす際、Ａ４用紙数枚分の契約書に署名・捺印を取得してもらうというものです。

ほとんど手間暇を掛けず、賃貸経営を安定させる効果は絶大です。

どんなに良い物件でも、入居者へ適切にアプローチできなければ、収益を生むことはできません。

私の実例を元に、効率よく結果を出せる入居付けの方法をお伝えしますので、参考にしてください。

1）オリジナルの特約事項を使って安定賃貸経営を実現

私は入居時の「賃貸借契約書」にオリジナルの工夫を凝らしています。

正直な話、多くの大家さんが「賃貸仲介さんが用意してくれた賃貸借契約書をそのまま利用している」のが不思議でなりません。

なぜなら、作る時は少し面倒でも、最初にオリジナルの特約事項をつけて契約することのメリットは、多大にあるからです。

画一的な賃貸借契約書では、個々の大家の事情や要望をきめ細やかに満たすことは難しいと思うのです。

やり方は簡単です。例えば、私は次に紹介するような「特約事項」を作成しているのですが、この内容を賃貸仲介さんにエクセル等のデータで渡しておき、賃貸借契約書の作成時に、入居者さんと連帯保証人さんの署名捺印を取得してもらうだけです。

○室内・外を問わず全面禁煙

○退去予告は2カ月以上前に設定

○賃料を安く設定する代わりに、最低2年は入居することを約束してもらう

下記に、いくつか具体的な条文案を紹介します。

①退去時原状回復義務

退去の際は、貸主指定の業者において室内清掃、庭の除草（1階のみ）、鍵の交換を実施するものとし、その費用は、契約終了日から10日以内に借主が貸主に対して支

払うものとする。

上記については、明確に取り決めがない場合、退去時のクリーニング費用等は請求できないとの見解もあるようですので、明確に文書で取り決めておくことが重要です。

②解約予告

解約の意思表示は、借主が貸主へ「解約する旨の文書（体裁自由）を郵送する」方法で行うこととする。

解約日は上記「郵便物」消印の日付が属する月の翌々月末日とする。

※郵便の不着事故を防ぐため、簡易書留等を利用されることを強くお勧めします。またトラブル防止のため電話による到着確認を行っていただくことを強くお勧めします。

※駐車場のみ解約の場合も含む。

※駐車場を解約する場合、結果的に、駐車場の解約日がお部屋の解約日から100日以内となる場合、駐車場のみを先行して解約することはできません。

※生活実態の有無、退去理由の如何を問わず、契約終了日までは賃料が発生します。

※例えば、4月10日入居で、2週間後の4月24日付の消印で解約の申し出を借主が貸

主に対して行った場合、6月末日までの賃料支払い義務が発生します。
※賃料・公共料金等の滞納がある場合は、滞納分の支払いが完了するまで本賃貸借契約を終了することはできません。（但し、貸主が認めた場合は例外とする）

よく見かける「退去時1カ月前予告」というような表現では、退去時に具体的に何月何日まで賃料が発生するのかについて、見解の相違が発生するケースがあります。

例えば、8月10日に退去予告を入居者さんが大家さんに対して行った場合、9月9日までと考えるのか、9月10日までと考えるのか、8月31日までと考えるのか？　等、トラブルの原因となりやすいので、こうした不確定要素を排除するための条文です。

③短期解約違約金

本物件の賃料は借主が長期間の入居を約束することを前提に低く設定しているため、万が一、借主都合により本契約及び更新契約を終了する場合は以下の短期解約違約金を借主は貸主へ契約終了日から10日以内に支払うものとする。

※短期解約違約金

a）初回賃料発生日より3ヶ月以内の解約：賃料の6ヶ月分
b）初回賃料発生日より6ヶ月以内の解約：賃料の5ヶ月分
c）初回賃料発生日より1年以内の解約：賃料の4・5ヶ月分
d）初回賃料発生日より1年6ヶ月以内の解約：賃料の4ヶ月分
e）初回賃料発生日より2年以内の解約：賃料の3・5ヶ月分

※例えば、4月10日入居で、2週間後の4月24日に退去の申し出を借主が貸主に対して行った場合、別条項【解約予告】の規定により契約終了日は6月末日となりますから、上記aに該当することとなり、賃料6ヶ月分の短期解約違約金支払い義務が借主に発生します。
また、契約終了日までの賃料支払い義務も合わせて生じます。

※別条項【賃料の支払い】の規定により、定められた期日までに賃料の支払いがなされなかった場合、当該月1ヶ月分は短期解約違約金の減算対象期間に含めないものとする。

※例えば、4月10日に初回賃料が発生し、同年5月分と6月分の賃料の振込がそれぞれ3日遅延した場合、上記aの対象期間は、本来の「4月10日～7月10日」から、

「4月10日～9月10日」へと2ヶ月分延長されます。またb以降もそれぞれ延長されます。

※上記「借主都合」には、家賃滞納、迷惑行為等の理由により、貸主から借主に対して退去の要請を行った場合も含みます。

初期費用や毎月の賃料を特別に値引きしてせっかく入居を決めても、わずか数ヵ月程度の入居期間で退去してしまう入居者さんも中にはいます。

「長く住むって言っていたのに・・・」とならないよう、最初に短期解約違約金についての取り決めをしておくと安心です。

「入居希望者さんが嫌がりませんか？」と訊かれることがありますが、携帯電話がこれと同じシステムですし、一般的にも非常識なものではありません。

ですので、私の経験では比較的スムーズに受け入れていただけます。

④合意管轄裁判所

本賃貸契約に関する紛争については、大阪地方裁判所を第一審の専属的合意管轄裁判所とすることに貸主・借主ともに合意する。

賃貸仲介さんが用意してくれる賃貸借契約書では、物件所在地を管轄する地裁を合意管轄裁判所としているケースが多いようですが、遠隔地に物件をお持ちの大家さんの場合、物件所在地ではなく大家さんの居住地の裁判所を合意管轄裁判所に指定しておくと有利でしょう。

大家と入居者さんの間で締結する賃貸借契約はとても重要なものです。最初にきっちりとした契約を交わしておけば、入居中〜退去手続き完了まで、裁判で当該の契約内容を無効と確定されない限り、最初に交わした契約内容に沿った形で物件の運営を進めていくことができます。

また、すべての項目について、「内容をご理解いただけましたらボールペン等でチェックを付けてください」と書いたチェックボックスをつけることも大切です。

これにより、「こんな内容は知らなかった」というすれ違いを防ぐことができます。

是非、自分自身の考えを反映したオリジナルの特約事項を使ってみてください。

コラム　物件を買う時は個人と法人とどちらがいいか

物件を買うときは、個人で買うのがいいか、それとも法人で買うのがいいかと、よく質問されます。

結論からいうと、両方を併用して、うまく使い分けるのがいいと思います。

理由のひとつは節税です。

日本は累進課税ですので、売上が上がるほど、税率も上がります。

例えば、所得が900万円を超えるようになれば、所得税と住民税をあわせて43％の税負担となります。それ以上は、売上を増やしても半分近くが税金になってしまうわけです。

ですから、一人で2000万円売り上げるよりも、個人と法人で1000万円ずつ売り上げた方が、税金が抑えられ、手残りが増えることになります。

2つ目は相続税対策です。

個人で物件を取得し続けた持ち主が亡くなった場合、相続を受けた人はたくさんの相続税を支払うことになります。

しかし、法人名義にしておけば、法人の株式を年110万円の範囲内でちょっとずつ子供や親戚などに時間をかけて譲っていくことが可能です。

税金に関して無知でいると、大きな損をします。

不動産投資に関する税金まわりの書籍はたくさん出ていますので、一度目を通しておくといいでしょう。

そして、早速、法人を作ってみようかという人には、合同会社を作ることをおすすめします。

合同会社と株式会社の中身はほとんど一緒です。

それにもかかわらず、設立する際に株式会社が30万円くらいかかるのに対し、合同会社だと10万円程度安くすみます。

第6章

「“ワッキー流”ボロ物件投資術」成功事例！

セミリタイア達成、小金持ちサラリーマンになった5人の成功者たち！

この章では、私と同じように長崎でボロ物件投資を行い、成果を上げている人たちを紹介します。

見ていただければわかるのですが、長崎に住んでいる人は一人もいません。

大阪や東京、神奈川といった都市圏でサラリーマンや自営業の仕事をがんばり、お金を貯めた人たちが、「短期間で効率よくお金を増やす方法」を探す中で、ボロ物件投資にたどり着いています。

中には、「新築のアパートを建てたけれど、思ったほどお金が残らない」という理由で、私のところに相談に来た方もいました。

皆さん、30代~40代の働き盛りで忙しい人ばかりですが、長崎に何度も足を運び、私とも連携をはかりながら、きちんと実質利回り20％以上という目標を達成しています。中には、会社を早期退職された方もいます。

何億円も借金をしなくても、人生は豊かになるということを感じていただければと思います。

"ワッキー流" 成功者①人目

名古屋で8千万円のアパートを新築したものの、「お金が増えるスピードが遅い」とボロ物件投資を始めたNさん（大阪在住、30代）

Nさんとはもう長いお付き合いで、身内に近い存在です。

Nさんは大企業に勤めるサラリーマン大家さんで、属性は非常にいい方です。

数年前に、名古屋駅から10分程北側に歩いたところに、新築で8千万円のアパートを建てました。

利回りは1ケタ台。それだけの金額ですから、もちろんローンを使っています。

また、九州地方に2千万円ぐらいで買ったメガソーラーの区分も持っているということでした。

Nさんは、不動産投資でセミリタイアすることを夢見て、名古屋のアパートや九州のメガソーラーに投資したのですが、「思っていたよりお金が増えるスピードが遅い。

建物外観。新幹線が開通予定の長崎駅から徒歩圏内の高台に立地する。階段立地のボロ物件だが立地が良いのが特徴。

トイレは昔ながらの和式トイレだった。幸いにも下水道には接続されていた。

これではいつまでたっても会社を辞められない」と感じていました。

そんなとき、私のやっているボロ物件投資に興味を持ったのです。

そして、Ｎさんが購入したのは、長崎駅から徒歩圏内にある階段立地のボロ物件。

２Ｋ×４世帯のアパートと、３Ｋの２階建ての戸建てがセットで売りに出されていたものを、２５０万円で購入されました。

最初は１２００万円だったのですが、７００万円に値下げされたのを見て、１５０

万円で指値を入れたところ、「さすがに勘弁して」と言われ、最終的にこの価格でまとまったそうです。

先に申し込みが入ったのは、比較的内部がきれいで、リフォームが早く終わった戸建てです。

築年数35～40年ぐらいのボロ家でしたが、「ペット可」にして募集したところ、すぐに若い女性から申し込みがありました。

長崎市内では戸建て賃貸が珍しいので、戸建てというだけで、すぐに反響が入るの

ザ、40年前のお風呂という見た目の浴室。玉石の床材が入居希望者さんに敬遠されそうな雰囲気を醸成していた。

こちらも昔懐かしの室内瞬間湯沸かし器に水色のタイルを組み合わせたキッチン。昭和でベトベトな見た目が入居希望者さんの成約意欲を阻害していた。

です。

アパートの方はユニットバスを入れて、トイレを和式から洋式に変え、間取りも２Ｋから１ＬＤＫに変更し、キッチンなども入れ替える大規模リフォームを行いました。

家賃は戸建てが５万円、アパートは１世帯４万円ちょっとで、固めに計算しても月20万円が入ってくる計算です。

年間２４０万円の家賃収入ですから、これを利回り20％になるように割り戻すと、

トイレは洋式便器化し温水洗浄便座も導入した。今は5万円未満の賃料価格帯であっても温水洗浄便座は必須装備。

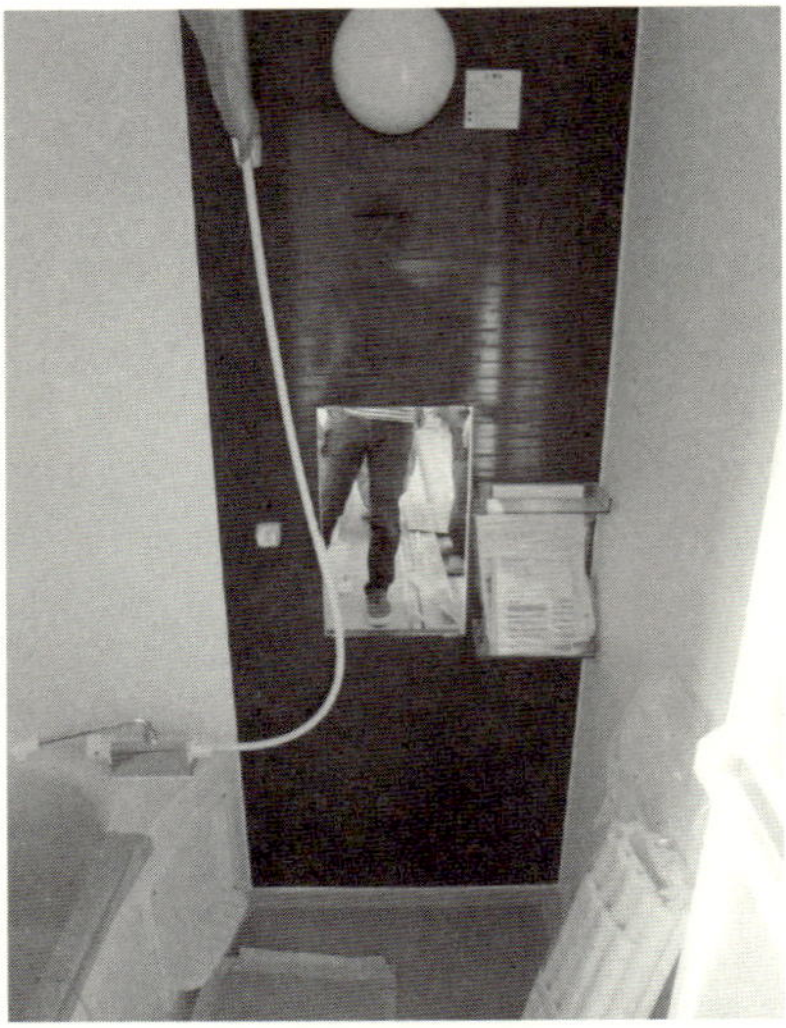

在来工法の古い浴室は思い切ってユニットバス化した。サーモスタット水栓とアクセントパネルは必須装備です。照明にはパナソニック製の光色切り替え（オレンジと白）タイプのLED電球を使用した。

1200万円になります。250万円で物件を買っていますから、1000万円ぐらいリフォームに使っても2割で回るということです。
しかし、Nさんの物件にかかったリフォーム費用は約550万円でしたので、最終的な利回りは25%以上となりました。

Nさんは私と同じで、最初にローンを組んで大型物件を買っているので、そこから出るキャッシュフローで小さな物件を買い進めることができます。

流し台は新品の公団用を導入し、今後のランニングコストを考えて周囲の壁は広範囲をキッチンパネル化した。手元灯として天井部分にLEDダウンライトを設置した。

室内に洗濯機パンを新設した。今は室内洗濯機パンは必須設備なので空きスペースを見つけて是非設置しておきたい。洗濯機パンの横に大工工事で壁を新設しておくと住み心地と見た目の印象が良くなる。

「脇田さんから聞いて、こういう投資があるのはわかっていたけれど、本当に利回り25％で回る不動産投資があるのを知って、ちょっとビックリしています。もっと早く知りたかった」と話していました。

多くの人が、Nさんと同じようなことを言います（笑）。

今回の物件がNさんにとっては初の長崎物件です。

Nさんは、これからも長崎で高利回り物件を買い進めたいと話していました。

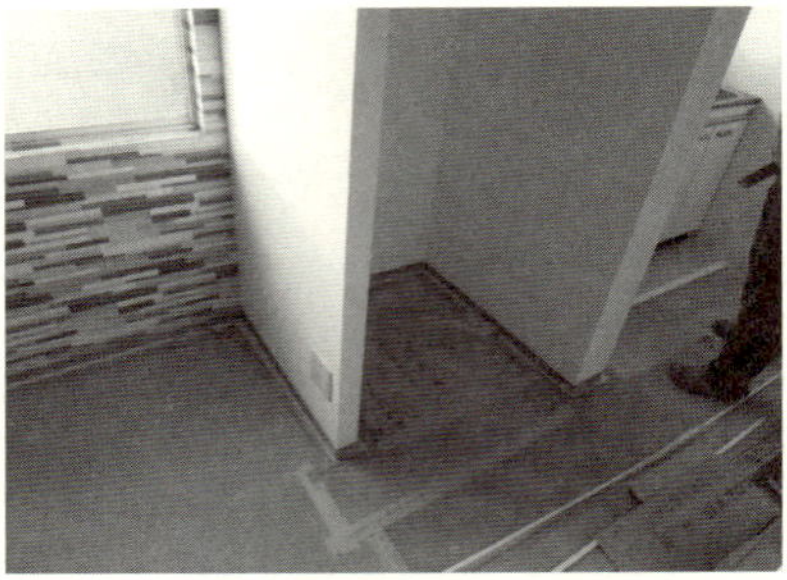

流し台横に独立した冷蔵庫置き場を作った。壁面上部に冷蔵庫用のコンセントも用意した。

床は畳をフローリング化し、開放感を演出するため天井高を約20センチ上げた。エアコン用のスリーブと200V対応コンセントを設置した。

"ワッキー流"成功者②人目

心配性の奥様に借金を認めてもらえず、3戸のボロ戸建てを即決で購入したTさん（神奈川県在住、30代）

Tさんという私と同い年のサラリーマンの方の事例です。

もう数年前になりますが、私が東京国際フォーラムで講演したときに知り合いました。講演が終わったら後ろから走って来て、「脇田さんの本を読みました。自分も長崎で買いたいので力を貸してください」と声をかけてくださったのです。

後日、お会いすると、500万〜700万円ぐらいの現金を使ってボロ物件投資をしたいということでした。

理由は奥様が心配症で「借金はダメ」と言われているからだそうです。

奥様の影響もあるのか、Tさん自身も、「レバレッジをかけるなんて、地に足が着いていない。不安定」と感じるようになったものの、不動産投資を始めたいという気持ちは強く、たくさんの本を読まれたそうです。

「その中で、脇田さんのやり方が最も地に足が着いているという印象でした。論理的だし、自分の中で納得感がありました」と話されていました。

本を読んだ後、奥さんに「脇田さんにサポートしてもらって、不動産投資を始めようと思う」と説明すると、「それなら脇田さんを紹介して」という返事が返ってきたとのことで、横浜で三者面談をしました（笑）。

30分くらいお話しをしたら、「よろしくお願いします」と言ってくれました。

その時点で、250万円くらいのボロ戸建てを2~3軒買うのがいいだろうと方向性も決まりました。

そして、半年から1年ぐらい後に、いい物件が出たので売買仲介さんを通して紹介しました。

Tさんはトータルで3軒、戸建てを購入しました。価格はすべて250万円です。

その物件は何が特徴かと言うと、瞬殺で入居が決まることです。

この方は神奈川在住なので、「リフォームが終わったら長崎に見に行きますね」と言うのですが、3軒ともTさんが現場に行く前に入居が決まってしまい、結局、Tさんはリフォーム後の建物の中を一度も見られませんでした。

これも、長崎で戸建ての賃貸物件が珍しく、募集を始めるとすぐに入居が決まるからです。

「こんなにすぐに決まるんですね」とTさんは喜びながら驚いていました。

ちなみに客付けの方法ですが、Tさんは長崎の各仲介会社さんにFAXを送り、募集をお願いしていました。


私の知っている仲介会社さんには、私の名前を使ってもいいと伝えました。

ただし、戸建ては人気があるので、主要な2〜3社にお願いすれば、早ければ2〜3日で決まります。トータルの平均利回りは、約25％でした。

その後、いい物件が出た時があって連絡したのですが、スピードが早すぎると思ったようで、「少し休ませてください」と言われました。

現金買いは借金をしない分、安心感がありますが、続けて買うと手持ち資金が薄くなるというネックがあります。

それでも、利回り25％での投資がうまくいっていることに、Tさんも奥さんも喜ばれています。

"ワッキー流" 成功者③人目

先の見えない自営業の備えとして一年で3棟のボロ物件を買ったIさんご夫婦

(東京在住、30代)

毎月決まった給料が入ってくるサラリーマンと違い、自営業者の方は収入が不安定です。

また、正社員という雇用形態にない方も、いつ契約が終わるかわからないので、将来に不安を抱えています。私もそんな方から相談を受けることもあります。

Iさんは、知り合った時は静岡県の某都市からタクシーで10分ぐらいのホテルの支配人をされていました。

この方はホテルの支配人といってもホテルの社員ではなく、自営業でホテルと契約を結んでいます。経費を抑えるために、可能な限りバイトなどを抑制して、ご夫婦で働いていらっしゃいます。

月に60万円ずつ貯金ができるくらいの収入があるということでした。

２０１３年に私の本を読んで連絡をいただいて、当時、大阪と静岡の中間地点である名古屋の喫茶店でお会いしました。

「１５００万円～２千万円ぐらい使って物件を買いたいのですが、どういう作戦がいいでしょうか？」と質問されました。

私は、「それだけ予算があるなら何でもできますよ。大きいアパートを２つ買ってもいいし、中くらいの物件を３つ買ってもいいし、戸建てをいくつも買われてもいいんじゃないですか？」と答えました。

そして、それぞれのメリットとデメリットを伝えると、「自分は手堅く細かい物件をいっぱい積み上げていきたい」というお話でした。

物件も紹介して欲しいというので、「では、戸建てや小規模なアパートが出てきたら売買仲介さんから連絡していただくようにしますね」と伝えて、半年くらい待ってもらいました。

最初に紹介したのは小さな戸建てで、１００万円の物件を１５０万円でリフォームし、４万ぐらいで入居者が決まりました。

戸建ての次は、６世帯のファミリータイプの３００万円のアパートを買い、２００万円でリフォームしました。

家賃収入月４万円×６室で24万円くらいを目指したのですが、買う前から住んでいる方が２人いて、その方たちの家賃が低いので、22万円程度となりました。

３つ目は借地権の戸建てで、物件が40万円、リフォームに１６０万～１７０万円くらいかかりました。家賃は月５万円で借地料が月６千円ですので、手取りは月に４万円ちょっとです。

この物件は底地の持ち主さんが新しい買い主さんを面接したいという希望があり、Iさんは飛行機で面接に来ました。もちろん、無事に面接は通りました。

最初は小さい物件をたくさん買うというお話だったのに、アパートを提案したら「それもいいですね」と作戦を柔軟に変え、結果的にいい物件を買われているので、良い投資をされる方だと思います。

ところで、この方がボロ物件投資を選んだのは、「ローンを使いたくない」というのが大きな理由でした。

なぜローンがダメかというと、ホテルの支配人のお仕事は2年ごとの更新があり、先行きが見えないからだそうです。

仕事自体も激務で大変だし、契約の期間も2年毎に必ず更新できるという保証もないとのことで、継続的にずっと続けられる仕事ではないと最初から話されていました。

何棟か物件を購入された頃、実際にホテルの契約が終了となられたそうです。

そういうことをずっと前から想定していたので、借金はしないと決めており、仕事がなくなったときのことを考えると、「一般の投資では追いつかない」という計算があったため、20％で回るボロ物件投資を選んだのです。

ボロ物件投資はどんな方でもできますが、特に、「今あるお金を効率的に素早く増やす必要がある」というIさんのような方に適した方法だといえます。

3棟を買うまでに1年ぐらい掛かりましたが、Iさんは仕事がなくなる前に、毎月30万円の家賃収入を作ることができました。

まだ蓄えがあるそうなので、それでまた物件を買い、利回り20％で回しながら、つつましく生活していきたいと話していらっしゃいました。

"ワッキー流"成功者④人目

ボロ物件投資からの収入に背中を押され、会社を早期退職したWさん

(神奈川県在住、40代)


私のところに相談に来る方の多くが、関東か関西に在住のサラリーマンです。

私が大阪に住みながら長崎に物件を買っているのを知っているので、「自分は関東在住ですが、大丈夫でしょうか」と連絡をくださいます。

その中の一人に、神奈川県にお住いで、メーカーの営業職をされているWさんという男性がいました。

私より少し年上の40代の方で、私のブログからメッセージを送ってきてくれました。もう古いお付き合いになります。

Wさんは最初、私のやり方を参考に、自分で長崎に飛んで、4世帯のボロアパート

を買いました。

そのWさんが去年の夏に投資家の集まる飲み会で先ほどご紹介したTさんと知り合い、Tさんが私からアドバイスを受けていることを聞いて、「そんなにしっかりとアドバイスをもらえるならちゃんとお金を払って申し込みたい」と、Tさんを通して連絡がありました。

ボロ物件投資に使える予算を聞くと、「1000万円」ということでした。

物件の紹介も頼まれたので、一緒に長崎に行き、物件を見て回りました。

すぐには見つかりませんでしたが、3カ月くらい後に、「4世帯のかなりボロいアパートを100万円でいかがですか」という話が売買仲介さんから私へあったので、それを紹介しました。

ただ、かなりボロいので、玄関扉を開けたらいきなり底が抜けていて、室内に入れないような崩れっぷりで、Wさんは相当驚いていました。

しかし、私が同じようなボロ物件をリフォームしてキレイに直した物件の写真をノートパソコンで見せたら、「ええ？　これがこうなったんですか？」とビックリしながらも、「こんなにキレイになるなら、問題ないですね。じゃあ、買います」と決断されました。

リフォームの相談も受けたので、知り合いの職人さん達を紹介するなどしたところ、半年ほどかけて工事が完了したと連絡がありました。

家賃は20万円ちょっと見込めるので、年間で240万円。利回りは丁度20％になりました。

このKさんは、現在はサラリーマンを辞めて、みごとセミリタイアを果たされています。

退社したのは、私が物件を紹介する少し前で、長く勤めていた会社で募集していた希望退職に手を上げたのです。

その時点での不動産収入は、前に買ったアパートから入る24万円程度でしたが、希望退職者には2000万円ぐらいの割増し退職金が入るので、会社を辞めて、そのお金をボロ物件投資に使った方が自分の為になると思ったそうです。

この2000万円の中から、1200万円を2棟目の物件に使ったということです。ボロ物件投資が、Kさんの決断を後押ししてくれたのです。

コラム ボロ物件に多い個人間売買で気をつけたいこと

ボロ物件は価格が安いため、仲介会社の営業マンにとっては、「儲けのわりに手間ばかりかかって仕事にならない」とみられることがよくあります。

先日も、知り合いの仲介営業マンの方から、15万円の戸建てを紹介されて購入したのですが、「仲介手数料が安すぎるので、個人間売買でお願いします」と言われ、個人間売買で取引を進めました。

これまでにも何度もこのようなことはあったので、別に驚きはしません。

自分で契約書を作成し、知り合いの司法書士の先生に移転登記をお願いして、着々と準備を進めました。

そして迎えた決済当日、アクシデントが起こりました。

契約も済み、さあ移転登記という段階で、売主さんの本人確認をしたところ、そこにいる売主さんと名乗る方が、売主さん（物件の所有者）本人ではなかったのです。

では誰かというと、売主さんの息子さんでした。

なぜ、息子さんがここにいるのかと理由を聞くと、物件の所有者であるお父様はすでに亡くなっていて、自分がこの家を引き継いだから、代わりに来ても何も問題がないと思った、という話でした。

実は、このようなことはボロ物件ではよくあります。

本来、不動産の所有者が亡くなった場合は、相続登記をする必要があります。しかし、地方で誰もその家を使わないようなケースでは、その手続をしないまま、放っておかれることが珍しくないのです。

本来なら、司法書士の先生が準備の段階で気づくべきなのですが、先生も「電話であなたは売却物件名義人の＊＊＊さんですか？　と確認したのですが、『はい。＊＊＊です』と回答がありましたので当日までそれ以上の確認はしていませんでした」とおっしゃっていました。

売買をするには、きちんと相続登記を済ませ、その物件の権利を持っている人全員の承諾書が必要になります。

そのときはいったん解散をして、2週間後くらいに無事に決済を済ませました。

余談ですが、この物件を紹介してくれた営業マンには、「紹介料」として仲介手数料の代わりとなる謝礼を渡しました。

第7章

進化を続ける「“ワッキー流”ボロ物件投資術」

私が不動産投資を始めて、約10年が経過しました。

毎月、自宅のある大阪と物件のある長崎を往復し、数え切れないほどのボロ物件を見てきました。

長崎の不動産会社さんや、職人さん、水道屋さん、プロパンガス会社さん等、不動産関連の知り合いもたくさんできました。

そして何より、自分自身が大家として色々な経験を重ねてきました。

初心者の頃はわからなかったけれど、何年も大家をやったから気づいたこと、理解できたことも多くあります。

その結果、私のボロ物件投資は2014年くらいから少しずつ、形を変えてきました。

具体的には、物件のリフォームのレベルを上げ、長く持ち続けられる物件、出口も取れる物件を作るようにしたのです。

利回りは少し下がりますが、それでも実質で20%はキープしています。

この章では、その進化したボロ物件投資について、紹介します。

1 ボロ物件投資で失敗する人

不動産投資の手法にも流行があります。

ボロ物件投資は10年前なら邪道でした。しかし、今ではすっかり不動産投資のひとつのジャンルとして市民権を得た感があります。

書店に行っても、ボロい物件を安く買い、高利回りで貸し出すという不動産投資本が多く見られるようになりました。

ボロ物件投資は基本的に現金でできるので、多くの人に門戸が開かれた手法です。

そのため、新規参入者も多いのですが、残念ながら、中にはうまくいっていない大家さんも多いようです。

典型的なのは、「安く買えたけれど、埋まらない」というものです。

これに関しては、物件の近隣の不動産会社への調査を怠った結果であり、同じ失敗をすることは防ぐことができます。

次に多いのが、「安く買えたけれど、リフォーム代が思いのほか高くなってしまった」

というものです。

そういう人の物件を見てみると、物件価格の何倍ものリフォーム費用をかけたにもかかわらず、できあがりは中途半端で、高い家賃も見込めない、というようなことがよくあります。

例えば、「このエリアは貸家が多いので、差別化するためにロフトを作った」という人がいました。

それだけで100万円以上のお金がかかった上に、躯体を支える大事な柱にダメージを与えてしまい、補強代としてさらにお金がかかったそうです。

それでいて、お風呂は「壊れていないから」という理由で、古いバランス釜のまま。

その後、どうなったのかは聞いていませんが、この大家さんは苦労しそうだなあという感想を持ちました。

なぜ、そんな失敗をしてしまうのか?

それは、自分本位だからです。家やアパートを借りるお客さんが何を求めているかを理解しようとしないまま、勝手に「こんなのは他にないからカッコいい」「こういう物件なら人気が出そう」と想像して、行動してしまうことに、問題があるといえます。

リフォームは、自分本位ではなく、入居者のニーズに合わせることが大切です。それがわからなければ、管理会社さんに意見を聞けば、アドバイスをもらえるでしょう。

②入居者にも大家にもメリットのあるリフォーム

ここ2～3年で購入した私の物件は、インフラ関係（床、壁、天井、水回り）を全部やり変えて、場合によっては外装、外壁塗装、屋根の水仕舞い、白アリの予防駆除まで行います。

世間一般でいわれる「ボロ物件投資」の物件に比べると、かなり完成度が高いと思います。

そういった事まで含めても、利回りは実質20％以上をキープしています。

インフラをやり換えると口で言うのは簡単ですが、やるのは大変です。

住居のインフラは、上水道、下水道、電気、ガス、テレビ、インターネット、電話とあります。

これらを全部やり換えるわけですから、インフラに関しては「ほぼ新築」といえるわけです。

物件の中だけでなく、市の水道本管、下水道本管に接続する部分まで新品にします。電気も昔は建物の中だけ変えていたのですが、最近は電柱から建物に引き込むための線も新しくしています。

このインフラの工事は全部あわせて一世帯あたり数十万円くらいかかりますが、中も外も一新されて入居者さんがお喜んでくださいますし、今後、更に20年～30年もつために、大家にとってもしばらくはインフラがらみの修繕費がかからないというメリットがあります。

これができるのは、工事をしやすい全空のボロ物件だからです。

また、木造だからということもあります（古いＲＣ物件などは水道管を交換するだけでも床を壊したりして多額の費用がかかることがあります）。

築15年とか25年とかだと、まだ設備を取り替えるほど傷んでいないことも多く、「もったいない」という気持ちから、リフォームや工事を躊躇してしまいがちです。

しかし、入居者さんから見て、15年前、25年前の設備とかデザインというのは機能としては問題なくてもダサいのです。年配の方なら気にしない場合もありますが、若いご夫婦などには嫌がられることになります。

その点、フルリフォームしてしまえば、今風な部屋を作ることができ、入居付けにも有利になります。

そういう私も、以前はとにかく安く直すことを念頭に置いていたため、水道から赤水が出たりして、クレームになったりすることがありました。

しかし、このやり方にしてから、入居者から、「ここが壊れている」「ここを直して欲しい」というようなクレームが入ることはほぼなくなりました。

奥さんと旦那さんの2人暮らしなら、奥さんの方が「いい物件に住めて嬉しい」と喜んでくださいます。

そして、女性が気に入ってくれると、入居期間は長くなるのです。

補足ですが、長崎に関しては、下水の工事に1便槽あたり60万円を市から無利子で借りることができます。

市が貸してくれるので信用情報機関にも載りませんし、月1万円の60回払い（5年払い）ができるので、非常に便利です。

インフラの工事をするときは、補助金制度や貸付制度がないか、市町村に確認してみることをおすすめします。

コラム　赤水と黒水

ボロ物件には赤水と黒水がつきものです。

赤水と黒水とは、水道管が古くなることでサビが混じり、赤や黒の水が出ることをいいます。

そのままでは入居者からクレームが出て使えない上に、水道管の交換に多額の費用がかかることから、「赤水や黒水が出る物件は買わないほうがいい」、と書籍などには書かれています。

中には、浄水器などをつけて「とりあえずなかったことにする」「見て見ぬふりをする」という大家さんもいるようですが、いずれ、工事が発生することは間違いありません。

私も以前はそう思いこんでいて、こういう物件は避けていました。

特に、黒水の方は配管の腐食がかなり進んでいる状態ですので、絶対に買わないと決めていました。

ですが、今は気にせずに購入しています。

なぜなら、ある物件で配管の工事を依頼してみたところ、「1世帯につき13万円」と、思ったよりも安価でできることがわかったからです。

ただし、このときはある10世帯のアパートの全戸に洗濯機パンを取り付ける工事（28万円）と一緒に水道屋さんに発注したので、安くしてくれたという側面もあるようです。また立地条件や他の工事との兼ね合いなど値引きしていただきやすい条件がそろっていたのかもしれません。

給水管の工事だけを単独で依頼した場合は、もう少し高くなることが見込まれます。

しかし、それでも私はやる価値があると思います。

というのも、赤水と黒水というのは、売る側も「マズい」とわかっているので、そのことを理由に大幅に値引きされていることが多いのです。

こちらがそれを理由に指値を入れることもできます。

つまり、安く買いやすいので、工事費を考慮しても旨味があるということです。これまで汲み取りトイレを水洗にする下水工事は何度もやってきたのですから、上水道だって可能なはずなのに、なぜかできないと思いこんでいました。何年続けても、知らないことはあり、勉強を続けることが必要だと感じた出来事でした。

③ インフラを直したら次にすること

私の所有する物件は、外観は決してオシャレではありません。しかし、立地は悪くないですし、中はキレイに直っています。家賃はファミリータイプで4万〜5万円です。では、そのような物件に住んでくれる入居者は、どんな設備を求めているのでしょうか？

厳密に言えば、その内容は賃料や立地によって異なります。

フローリングじゃないとダメ、シャンドレは必要、シャワーがお風呂にないとNG、洋式の水洗トイレは必須という点などは、確かにそうなのですが、絶対ともいえません。年配の入居者さんは、畳の部屋でも平気という方が多いですし、簡易水洗でも問題ないという場合もあります。

ただ、やっぱり決まりやすい王道パターンはあります。

・床・壁・天井がキレイ（壁紙が貼りかえられている）
・水回りが今風（新品の流し台、新品のシャンドレ750ミリ幅以上。ワンレバー水栓）
・3点給湯（キッチン、お風呂、洗面台でお湯が使える）
・フローリング
・トイレは洋式便器で水洗
・照明器具が新しい

ここを押さえてあるかないかで、内覧からの申し込み率が大きく変わります。

逆に言うと、このような基本を押さえずに、凝ったことをしても選ばれません。

例えば、オシャレな輸入壁紙をリビングの一面に貼っても、キッチンが古いままなら意味がないということです。

特に最近、人気があるのが前章でもご紹介したＬＥＤライトです。

電気代を気にされる方は多いので、「ＬＥＤライトを使っている」というと、「この家に住めば電気代が少なくて済む」と思ってもらえるのです。

私はＬＥＤライトを１００個単位で買い溜めしてあり、必要な時は、長崎の仲のよい電気屋さんに頼んで取りつけてもらいます。

私の物件で、リビングの天井に４×３列でＬＥＤライトを埋め込んであるところがあります。ＬＥＤライトは色を選べるので、列ごとに違う色のライトをセットしてあります。

賃貸営業マンさんにそれを説明しておいて、「スイッチの押し方によって色が変わりますよ」と内覧に来た方に伝えてもらうようにしています。

４万～５万円の価格帯の部屋にそんな設備があることは珍しいので、内覧に来た方は、「照明を買わなくていいし、ＬＥＤだから電気代も安いし、色が変えられるなんてかっこいい」と、申し込みをしてくれます。

ＬＥＤライトは高価ですが長く使えるので、長い目で見れば大家も得をします。

不動産投資のリフォームでは、お金をかけていいところ(入居付けに結びつく部分)、かけなくていいところ（入居付けに結びつかない部分）を見極めることが大事です。

そういう意味で、ＬＥＤライトはお金をかけていいところといえるでしょう。

④ ボロ物件には将来性がある

「脇田さんはボロ物件投資をすすめるけれど、長くは続かないでしょう？」「東京オリンピックの影響で不動産の値段も上がってきているし、継続性がないのでは？」

と言う方がいますが、そんなことはありません。

本当に真逆です。今後、人口が全国で減っていきますし、長崎は既に減り始めています。つまり、ボロ物件の供給数、物件の売却は増えていくのです。

投資家として考えたら、ボロ物件がどんどん売りに出て、どんどん安く買えることは、チャンスです。

既にご紹介した通り、去年くらいから、「お金を払うので、空き家を引き取ってほしい」という依頼もいただくようになりました。

空き家特措法がニュースになったことで、「空き家を放置しておくことはいけないことなんだ」「持っているだけで税金が増えてしまう」と知った人たちが、できるだけ早く手放したいと考えたためです。

空き家が増えている理由としては、親御さんが子供のいる都会に行くパターンもあれば、住んでいた方が入院先などで亡くなってそのままになっているものもあります。

持ち主が貸家にすればいいのに、と思うのですが、普通に会社員をされている方にとっては、不動産投資は身近なものではないので、「リフォームすれば貸せるかも」という発想がなく、「こんなボロい家には何の価値もない」と決め付けてしまうのです。

このように、安く買えるボロ物件は増えているので、ボロ物件投資ができなくなるということはありません。

そのような話をすると、「いやいや、手放す人が増えて安く買えるなら、借りる人も減るでしょう?」という突っ込みが入ります。

それも間違いです。なぜなら、地方では特に、年々所得が減っていて、持ち家を買える人たちが減る傾向にあるからです。

賃貸でも、高級物件から安い物件へ移る人が増えています。

例えば、今まで6万円のマンションに住んでいた人が、支払いが苦しくなったので、5万円のちょっと広めの戸建てに住みたいというようなニーズは本当に多くあります。

最大の固定費である家賃の値段を下げないと生活できない人が多くいるため、ボロ物件の需要は年を追うごとに増えています。

私の物件はファミリータイプで3万〜5万円ぐらいが中心です。この価格帯の戸建は、長崎では今までほとんど供給がありませんでした。

供給がなかったところに、良質なリフォームをした物件を貸し出すので、みんな住みたいとなるのです。

5 人気は戸建てと広いアパート

私の物件が多い長崎では、特に戸建てが人気で入居もすぐに決まります。

長崎の人は「賃貸物件はマンションかアパート」という思い込みがあるため、「賃貸で戸建てがあるなら住みたい」と、半月もかからず申し込みが入ります。

募集開始から2〜3日で内見の申し込みが来て、一人目で決まる事もあります。

これまで地方のシングル向けアパートなどで入居付けに苦労された経験がある大家さんが長崎の戸建て投資を始めると、あまりに早く埋まるので、「すごいですね」と驚くほどです。(長崎だけでなく、戸建て賃貸が不足しているエリアは日本中にあるので、探してみてください)。

次に需要が強いのが、間取りの広いアパートです。

これも1カ月もあればたいてい決まります。アパートの需要に関してはシンプルで、狭くなればなるほど、決まりにくくなるのです。

ですから、自分自身の物件もそうですし、ボロ物件投資をやりたいという人たちにも、戸建てかファミリータイプのアパートをすすめています。

ワンルームは買うときに利回りが高く見えますが、競争が激しく、持ってみると空室がなかなか埋まらず、時期を逃すと3カ月以上空室ということも珍しくありません。

物件を買う時に先のことを考えない人は、「シミュレーションで有利」な物件を選びがちです。しかし、現実はシミュレーション通りにはいきませんので、「決まりやすさ」を考慮することが大切です。

そんなことを言っている私自身も、利回りを何より優先していた時期がありました。

しかし、今の私は実質利回り25%のワンルームより、実質利回り20%の戸建てを選びます。

これも、ボロ物件投資を長く続けてわかったことです。

6 意外と売りやすいボロ物件

ボロ物件投資に否定的な人たちは、「ボロ物件は出口がない」ことをその理由にあげます。

しかし、私の経験からすると、ボロ物件は売りやすいといえます。ボロ物件が売れないという話にはまったく同意できません。

なぜ、激安で買えた古いボロ物件が、元値以上で売れるのか?

それは、利回りが高いからです。利回りがきっちり取れる物件を買っているので、売る時も相場よりも高い利回りで市場に出すことができます。

例えば、「健美家」などの不動産投資家向けのポータルサイトに掲載するとします。

https://www.kenbiya.com/

そこには、収益物件を欲しい人がたくさん集まっていますので、今の市場で、利回りが20%と書いてあれば、それだけでどんどん問い合わせが来ます。

自分が買ったときは、空室が多くリフォームも必要な本当のボロ物件でしたが、しっかりと直して客付けをすれば、それは単なるボロ物件ではなく、お金を稼いでくれる立派な収益物件です。

築年数の古さも、大きなネックにはなりません。

古い物件が不人気なのは、購入後に修繕費がかかるからです。

築40年でも、中身はフルリフォームしていて新築同様ですとしっかりと伝えれば、欲しい人はいます。

私は今年に入り、いくつかの物件を売却しました。

ひとつは長崎県庁の近くにある区分マンションです。広さは50平米で、50万円で購入した物件を150万円でリフォームしました。

その後、6万円で賃貸に出し、7年間賃料をいただきました。トータルで500万円くらいの賃料収入です。

その物件を300万円で売りました。

つまり、800万円の総収入を200万円で作れたので、600万円儲かったということです。(固定資産税は除いています)。

2つ目の物件は、ファミリー6世帯の木造アパートです。

2007年に720万円で購入して、リフォームに450万円ほどかけました。

月の収入は約22万円だったので、所有期間中の賃料収入は約2000万円です。

この物件を1400万円で売りました。

3400万円くらいの総収入を1200円万で作れたので、2200万円儲かっています。これは実体験です。

売却に出したときの利回りは表面で20％、実質で18％くらいです。

この物件を売りに出したときは、3日くらいで買い付けが入り、2週間後には決済を終えました。

ボロ物件は出口がないと言っている人は、「買ってはいけない物件を買っているから出口がない」のだと思います。

ボロ物件でも、立地を選んで安く買い、きっちりと直し、家賃収入が入る形を作ってから売却すれば、まとまったお金が入ります。

決して「出口がない」わけではありません。

だからといって、必ず売った方がいいとは思いません。

木造物件は適切なリフォームを行えば、かなり長く使い続けることができます。

ずっと持ち続けて、賃料収入をコツコツと稼いでいくのも、正しいボロ物件投資のやり方といえます。

⑦ 基本は売却せずに直しながら持ち続けること

ちなみに今年、2つの物件を売却した理由は、大阪の自宅の隣が売りに出て、それを買いたいと思ったからです。自宅の隣を買えるチャンスは滅多にないので、間違いなく購入するために、大急ぎで現金を作りたかったのです。逆にいうと、この件がなければ二つの物件はずっと持ち続けるつもりでした。

問題なく埋まっていて、毎月、お金を生んでくれる「打ち出の小槌」を手放す理由はありません。つまり、ボロ物件は持ち続けているのが基本だけれど、いざお金に換えようとしたときにそれも可能ということです。

「解約制限のある定期貯金」のようなものかもしれません。利回り20％の解約制限付きの定期貯金です。

私の物件は利回りが20％以上のものがほとんどで、どれも入居率は95％以上ありますから、決して大げさな話ではありません。持ち続けてもよし、売却してもよし。それもボロ物件投資の魅力です。

コラム 管理会社とのタッグで遠隔地投資を成功させる

不動産以外に本業がある場合、常に入居者さんからのクレーム対応等を行える状況にあるとは限りません。

ですから、物件が遠方にある場合は、やはり管理会社さんに管理をお願いするのがいいと思います。

私自身は大阪に住みながら、長崎に自主管理している物件もあります。

自主管理をしているのは、管理費がかからないこと、管理のノウハウが得られること、現場から生の情報が得られることなどのメリットがあるからです。

しかし、それができるのも、長い時間をかけて作った現地のチームがあるからです。

管理会社を選ぶ時に大切なのは、「信頼できる担当者がいるかどうか?」という点です。

・入居者さんからのクレームに素早く、的確に対処しもらえるか?

・対応のスピードは速いか？
・約束したことを確実に履行してもらえるか？
・有用な提案をしてくれるか？
これらをクリアしている担当者が見つかれば、心強い現地のパートナーになってくれるでしょう。しかし、実際に管理を任せて、一定期間は様子を見てみないと、仕事ぶりを判断するのは難しいといえます。

そういうときは、
・検討中の管理会社さんが管理している物件を見学させてもらう
・検討中の管理会社さんに既に管理をお願いしている他の大家さんの意見を聞くなどして、信頼できる会社を見つけましょう。
ボロ物件投資は手間がかかりますが、遠方からうまく管理している人も大勢います。

そして、彼らは間違いなく信頼できる管理会社さんといい関係を結んでいます。

忘れてはいけないのは、自分も管理会社から見ていい大家さんになるということです。いい管理会社さんと出会えたら、大切なパートナーとして、感謝の気持ちを日頃から示していきましょう。

第8章

ボロ物件投資とセミリタイアの相性

日本では2000年に『金持ち父さん　貧乏父さん』（ロバート・キヨサキ著）が発売され、それまでは富裕層と地主だけのものだった不動産投資が、一般のサラリーマンの間でも広まりました。

それから16年が経ち、早い時期に不動産投資をスタートした人たちの中には、会社を辞めて、専業大家になっている人が多くいます。（私もそのうちの一人です）。

また、一度はリタイアをしたものの、暇な暮らしが自分には向いていないからと、起業をした人もいます。

考えてみると、わたしたちは子供の頃は学校、大人になれば会社で、人生の中で自分の時間をたっぷりとれる機会というのは、そうそうありませんでした。

不動産投資の魅力は、お金だけでなく、自分の時間を得られることです。

この章では、ボロ物件投資とセミリタイアの相性について紹介します。

私自身は、会社を辞めて専業大家になったことを、少しも後悔していません。

毎日、自分の予定を自分で組み立てられることが幸せですし、不動産投資を始めてよかったと今も日々、感じています。

1　2パターンのリタイア生活

「脇田さんは何年前にリタイアしたんですか？」と質問されることがあります。

そういうときは決まって、「勤めていた会社を退職したのは8年前ですが、リタイアしたことはないですよ」と答えています。

私は、「リタイア（セミリタイア）」という言葉には、「朝から晩まで仕事も何もせず、誰の役に立つこともなく、非生産的な時間を過ごす」というようなイメージを持っています。ですから、そんな言い方をしていたのです。

しかし、人によって「リタイア」という言葉の定義が違うことに最近になって気づきました。

①会社は退職するが、不動産投資（もしくは別のやりたい事）を仕事として続ける

②会社を退職するし、仕事もせずに遊んで暮らす

不動産投資家たちがリタイアというとき、このどちらの意味もあてはまるのですね。

私は、①のパターンには大賛成です。

不動産投資を続けていくと、「本業より不動産投資の方がやりがいを感じられる」とか、「もっと様々な勉強や経験をするために不動産に専念していきたい」と感じることがあるでしょう。

また、ある程度の時間が経過すると、本業からの収入を賃料収入が上回ってくるタイミングが来ます。

そうしたときに従来の「本業」であったサラリーマンを退職して、不動産の方に専念していこうと考えるのは自然なことです。

家族構成や年齢によっても違いますが、個人的には、不動産投資による手取収入が、本業の手取り収入を超えたら退職を検討しても良いのではないか？　と思います。

ただし、それはボロ物件投資で収入を得ている場合です。

ボロ物件投資は最初にしっかりと直せば後でかかる修繕費はわずかですし、エレベーターなどの設備がないため想定外の出費も少なくてすみます。税金もわずかです。

そのため、収支を予測しやすく、リタイア後の生活設計も立てやすいのです。

2 会社を辞める（リタイアする）のにピッタリのボロ物件投資

よく、「勤め先を退職すると金融機関から融資を受けられなくなるから会社を辞められない」という方がいます。

融資をどうしても受ける必要があるならば、確かにやめない方がいいでしょう。

しかし、融資を受けることとイコール人生の目的ではないはずです。

それなのに、やめたいと思っている会社に融資を理由に縛られている人を見ると、違和感を持ってしまいます。

不動産投資には色々なやり方があるのだから、現金でできるボロ物件投資をすればいいのに・・・と思うのです。

しかし、多くのレバレッジ派の人たちは、本で読んだ「不動産投資のメリットは人のお金（銀行の融資）を使って自分のお金を増やせること」とか、「レバレッジをかける方が大きく資産を増やすことができる」という言葉に縛られており、自分の現金を使ってコツコツと資産を増やすボロ物件投資で、リタイアするということをイメージ

います。

できないようです。

実際に、ボロ物件投資でリタイアした人は何人もいるのに、自分の今乗っているレールから降りることができず、目的地にたどり着けないというのは、残念なことだと思います。

私が不動産投資をする上で、大きな影響を受けた本が2冊あります。

加藤ひろゆきさんの『ボロ物件でも高利回り。激安アパート経営』と、金森重樹さんの『1年で10億つくる！　不動産投資の破壊的成功法』です。

この2冊は内容が全く違うのですが、両方を読むことで、色々な方法があってそれぞれが正解なんだということを気づかせてくれました。

何事も、大切なのは「手段」ではなく「目的」です。

会社を辞めたいけれど、融資が使えなくなる（物件を買えなくなる）から辞められないというなら、「融資を使わずに不動産を買える方法はないか」と考えて、柔軟に対応すればいいのです。

そして、そういうとき、ボロ物件投資は有力な選択肢に入ってくると思います。

3 好きなことを生活の中心にできる幸せ

少し長くなりますが、私が不動産投資を始めた理由と、会社を辞めた理由を紹介したいと思います。

私が29才の時、自宅を新築しました。元家族の住む実家のマンションをどうするかということになり、計算したところ、7年くらい貸せば売るより儲かるということで、貸し出すことになりました。

しかし、そのままでは汚いので、キレイにしてなるべく高く貸せるように、クロスを選んだり、モニターつきインターフォンを取り付けたりと、自分なりに色々と工夫してみました。

これがきっかけで、私は「リフォームって人に頼むより自分でやる方が好きなようにできるし、値段もこんなに安いのか！」ということを知り、リフォームの面白さにはまってしまいました。

そのときのリフォームが面白すぎたせいで、私は会社での仕事中に「どうしてこんなつまらない仕事をしているんだろう。家に帰ってまたリフォームをしたいなあ」と考えるようになりました。

そして、「そうだ。古い物件を買えば、たくさんリフォームできる。古い物件を直して貸せば、お金も儲かる！」という一石二鳥のアイデアを思いつきました。

その目的を達成するために、不動産投資の本を買ったことが、今の僕につながっています。

その後、僕は不動産を購入し、平日は本業に集中して、週末は念願のリフォームを楽しんだり、次の物件を探したりという生活を送るようになりました。

リタイアを決意したのは、不動産投資を始めて3年目のことです。

当時は就職情報誌のシステム周りの仕事をしていたのですが、自分にとって不動産投資の存在の方が大きくなってしまい、給料をもらうことに罪悪感を覚えるようになってしまいました。

前にも書いたように、私は一棟目として約一億円の中古のＲＣマンションを買い、2棟目からボロ物件投資を始めました。

会社を辞めた時に所有していたのは初期のころに購入した数棟だけ。収入はローンを払う前で１５００万円ぐらいでした。ローンを払って残るのは、１０００万円弱でした。

それだけあれば十分と思う人もいるかもしれませんが、当時は約1000万円の給料をもらっていたので、その収入を捨てることには、なかなかの勇気がいりました。

しかし、最後に決断できたのは、やはり、自分は不動産投資のほうが好きだということ、そして、不動産投資をがんばったほうが将来的な収入も多くなるだろうということをイメージできたからでした。

サラリーマンをやっていても、収入が2000万円、3000万円と伸びていく想像ができなかったのですが、不動産投資なら可能な気がしたのです。

私は不動産投資、もっといえばリフォームが好きで、いくらやっても苦になりません。そういうことを仕事にした方が、面白いし、稼げると感じたのです。

実際、私は長崎に物件を見に行くたびに、トレジャーハンティングをしているみたいでワクワクします。

ちょっと探すだけで、「打ち出の小槌」が見つかる宝の山のような街だなといつも思います。

リフォームも、今だに楽しくてワクワクします。作業は職人さんに頼むことが増えましたが、プランを練るだけでも面白いのです。

そして、こういう生活ができて、自分は幸せだと思いますし、会社をやめてよかったと思っています。

ですから、私は「リタイア」について相談されたら、迷わず応援します。

私はたまたま不動産の仕事が好きでしたが、もし、他にやりたいことがあるなら、それをがんばるのもいいと思います。

好きなことを生活の中心にできる毎日は、本当に楽しいからです。

4 一国一城の主になろう

よく「マイホームを購入すること」を「一国一城の主になる」と例えることがあります。

私は勤め先を退職して不動産投資に専念することもある意味、一国一城の主になることだと思います。

殿様である自分の考えや方針が国内の隅々にまで行き渡り徹底される。

自分の国であり城なのですから、何をしても自由なのです。

ただし、賢明な殿様は国民を虐げる暴君にはなりません。

また、自分の国や城は小さく範囲が限定され、権限や財源も限られていますから、当然、現実的には何をしても構わないということにもなりません。

不動産投資でいうところの売買仲介さんや賃貸仲介さん・売主さん・入居者さん等とコミュニケーションをとり、お互いにメリットのある関係性を追求していく必要があります。

いわば、他国の利益も考えながら自国の利益も追及していくという外交的な交渉能力と経営センスが必要になってくるのです。

リタイアするということは、経営者的なセンスを試される、ある意味で戦国時代の武将のような生き方を選択することだと感じています。

すべて自分次第ですから、やりがいがあります。

ぜひ、チャレンジして欲しいと思います。

おわりに

ここまでお読みいただき、ありがとうございました。

2011年に私が1冊目の著書を出版してから、早いもので5年が経過しました。

その間に不動産投資の世界では様々なことがありました。

アベノミクスによる金融緩和の影響で、金融機関は不動産投資家に向けた融資をどんどん出すようになりました。

そのため、不動産価格は2012年から年々上昇し、利回りはダウンしています。

その勢いは、リーマンショック前のプチバブル期に並ぶほどです。

書店に行くと、不動産投資に関する書籍も、毎週のように新刊が出されています。

また、「ボロ物件投資」という言葉も広く世間に広がり、すっかり市民権を獲得してきた感があります。

本書は主に、「これからボロ物件投資を始めたい」「既に所有している物件の課題解決のための参考にしたい」という読者の方に向けて、私が経験して身につけた様々なノウハウを詰め込んだものです。

最後に補足として、ボロ物件投資を円滑に進めるための大切なポイントを紹介したいと思います。

◯ボロ物件投資は〝机上の空論〟だけでは成功しない

「20％、場合によっては30％以上の高利回りを実現可能」

「高額のローンを使わなくても手持ちの現金で行えるリスクの少ない投資法」

これらは、ともにボロ物件投資のメリットを端的に表す表現です。

私の知る限り、このような利点を得られる投資法は他にはありません。そのため、ここ数年で多くの投資家がチャレンジするようになりました。

私自身も、ボロ物件投資家を志す投資家の方と、直接お話をさせていただく機会もよくあります。

「脇田さんの本を参考にしたら、良いボロ物件を買えました。リフォームも上手くできて、今では満室です」というような嬉しい報告を多数いただく一方で、「本に書いてある通りにボロ物件を購入したのに、その後のリフォームが上手くいかなかった」「いまだに満室にならずに困っている」というようなお話を聞くこともあります。

本にある通りに実践すればそうなることはないはずなので、不思議に思い、詳しい話を伺うと、ある男性は、「自分でボロ物件を探して購入した後、脇田さんの本に書いてあった通り地元の職人さんを探してリフォームをお願いしました。でも、途中で工事を断られてしまいました」といいます。

職人さんが向こうから工事を断ってくるということは、通常ならありえません。

職人さんがせっかくの仕事を断らざるを得なかった事情が、どこかにあるのだろうと思い、いきさつを訊いてみると、「リフォーム時に、洗面台を施主支給するにあたって、水道屋さんと電話口で軽いトラブルになった」といいます。

「コスト削減のため脇田さんの本に書いてあった通り、シャンプードレッサーをインターネットで購入して、直接現地へ配送手配しました。宛先は、取り付けをしていただく水道屋さんの名前と電話番号をご本人の承諾を得た上で記載しました」とのこと。

ここまでは問題ありません。

しかし、水道屋さんから洗面台の取り付け予定日に電話があり、「現場が120段ほどの階段立地のアパートのため、ネット通販の運送屋さんが『トラックの入る場所までしか運送できません』と言っています。

重量物を運搬する器具を用意したので、手間賃を2000円いただけたら私が現場まで運んで取り付けしておきます」と電話をもらったときの対応がまずかったのです。

この方は、「費用がかかるなら結構です。一旦作業を止めてください」と返答してしまったのです。

それ以降、その水道屋さんとの関係がギクシャクするようになり、工事全体が滞るようになってしまったということでした。

長崎は車の入らない坂や階段が多いので、重量物を運搬するための運搬具を準備している職人さんが比較的多くいらっしゃいます。

このような器具は、それ自体が金属製で重いため、組み立てて現場へ持参するだけで骨が折れるものです。

その器具をわざわざ直接会ったこともない県外の発注主のために準備したにもかかわらず、最低限の気持ち程度の2000円を支払いたくないから一日作業を止めてほしいと一方的に指示されたことで、その水道屋さんは心底頭にきたのだと思います。

職人さんも人間です。このような機械的な対応をしてしまっては、仕事を引き受けてもらうための人間関係を維持できないのも無理のないことです。

120段の階段を上るのがどれだけ大変か？

シャンプードレッサーがどれほど大きくて重い物か？

シャンプードレッサーの取り付け作業のみを依頼されていた職人さんが、当日になって急に、トラックから現場までの運搬もしなくてはいけなくなった時の気持ちがどんなものだったか？

1時間以上かけて重い金属製の運搬器具を現場へ運んで、さあこれからシャンドレを運搬しようというときに、手間賃としてお願いした2000円を理由に、一方的に作業を止めろといわれた時の気持ちがどんなものか？

この投資家の方はなぜ、それらのことを想像できなかったのだろうかと思います。

ボロ物件投資は職人さんをはじめ、多くの方々の協力を得られて初めて成立する投資手法です。

人の協力を得るためには自分本位ではなく、相手の気持ちになって物事を考え、配慮していく必要があります。

自分の考えや気持ちは後回しにして、自分のために働いてくださる方が気持ちよくスムーズに動けるような環境を作っていくことも、私たちの仕事なのです。

本書をご覧いただいた皆様には是非、このような視点を頭の片隅に置いていただき、これからの投資活動をスムーズに進めていってほしいと思います。

おわりに

最後に、これまで様々な形で私の不動産投資を導いてくださった、さくら事務所の長嶋修様・大西倫加様、健美家でコラムを執筆する機会をいただき多くの方々と知り合う機会を下さった健美家の萩原知章様・倉内敬一様、皆様のおかげで今の自分があります。改めましてお礼申し上げます。

また、改訂版も含め通算7冊目となる本書出版の機会を頂きました、ごま書房新社の大熊さん、1冊目から継続してお世話になっておりますライターの加藤浩子さんにもお礼申し上げます。

本書が、ボロ物件投資に取り組む全国の投資家の皆様のお役に少しでも立つことを願っております。

2016年9月吉日

脇田　雄太

著者略歴

脇田 雄太（わきた ゆうた）

不動産投資家。脇田雄太事務所代表。1977年生まれ。大阪府出身。立命館大学政策科学部卒。在学中、通商産業省（現：経済産業省）、日本アイ・ビー・エム株式会社にてインターン後、新卒でリクルートグループ入社。在職中、大阪府下に中古マンション1棟を購入したのをきっかけに独立。2009年から「脇田雄太事務所」代表として活躍中。

投資規模としてはボロ戸建てを中心に、合計10棟50室超の投資用物件を取得、家賃年収は2000万円を超えている。

『日経マネー』『エコノミスト』などビジネス誌へのコメント実績多数、セミナー講師としても、全国賃貸住宅新聞社をはじめ多くのセミナーに招待され人気を博している。著書に『不動産投資を「30万円以下」で始めて小金持ちになろう！』『「"ワッキー流"ハイブリッド不動産投資」で、給料の10倍の"不労所得"を得る！』『リスクと闘う不動産投資！』（全てごま書房新社）ほか、計6冊執筆。

●脇田雄太事務所　公式ホームページ http://wakita.in
●脇田雄太のコラム
（国内最大級・不動産投資と収益物件の情報サイト『健美家』にて）
http://www.kenbiya.com/column/wakita

"ワッキー流"
「200万円台」ボロ物件"連続投資"術！

著　者	脇田 雄太
発行者	池田 雅行
発行所	株式会社 ごま書房新社 〒101-0031 東京都千代田区東神田1-5-5 マルキビル7階 TEL 03-3865-8641（代） FAX 03-3865-8643
編集協力	加藤 浩子（オフィスキートス）
カバーデザイン	堀川 もと恵（@magimo創作所）
印刷・製本	倉敷印刷株式会社

ISBN978-4-341-08653-4 C0034